武士道

いかに生き、
いかに死ぬか

津本陽

三笠書房

はじめに

武士道とは、生きるための「意志力」である

この作中に描いた侍たちは、生死をわかつ関頭に爪先立《つまさき》って、金剛力を発揮した。それは知識から発しない霊力の範疇《はんちゆう》に属することである。あとにひけず戦うしかないとき、武士道とは生きる意志力であった。

「岩尾の身」という言葉が、侍たちの生きた時代にあった。五体が鉄槌《てつつい》で微塵《みじん》に打ち砕かれても、魂は残る。死んでも生きるという覚悟である。

刀を腰に横たえていた侍たちが消えうせたいまも、苛烈《かれつ》な経済競争場裡《り》に立つ男たちから、殺気あるいは戦気を感じることはめずらしくない。

武士道の精神は、口によって説くことなく、われわれの体内にひそんでいる。

この作中にとりあげた侍たちは、さまざまな立場にいながら、武士道を守って死を恐れなかった人々である。彼らはきわめて冷静な現実主義者であった。弱肉強食の鉄則につらぬかれている世界を生きてゆくために、激しい闘争をくりかえしながら、悪人を打ち倒し、

弱者を保護し、無明の社会の混乱を鎮めるための道徳律である武士道を、自らの行動によってかたちづくっていった。

中世から近世封建時代、幕末維新に及ぶ長い時間の経過のなかで、侍たちは武士道をつらぬくために、いさぎよい死をえらぶことをためらわなかった。

合戦のつづいていた戦国時代は百年間の長きにわたった。侍たちは、生存競争に勝ち残るために、多くの血を流さなければならなかった。昨日まで広大な領地と巨万の富をたくわえ繁栄していた豪族が、今日は合戦に負けて資産のすべてを失い、一家離散の憂き目にあうこともめずらしくなかった。

そうなっても侍は悲嘆の情を顔にあらわさず、平然と絶望を受け入れた。戦国大名は数えきれないほど合戦の場数をかさね、世の無常を味わってきた。名のある侍は参拝、信仰を心のよりどころとするとともに能と茶を喫することを望んだ。

戦場でつわものたちの凄惨《せいさん》な死の様相を見て生きながらえてきた侍たちは、能役者の演じる亡霊の沈鬱《ちんうつ》な独白に過去を思いだし、深い感慨にひたった。

茶の世界は、浮き世の外の懇親を友と楽しむ別世界であった。侍たちは、はかない人生のさびしさに堪えるために、このような趣味を求めた。

力がすべてを律する戦国期に生まれ、死んだ日本人は、現世とは血なまぐさい戦いの連続であると思っており、巧みな戦法を考えだし、敵を倒す手段に長じるようになった。

その鍛錬は後世まで日本人の体内に勇猛心を伝えることになった。

徳川太平の世が、おそらく江戸幕府を創始した家康も想像していなかったほど長く続くあいだ、日本人は百姓町人に至るまで、寺子屋で読み書き、算盤《そろばん》を習得し、知識の高さは産業革命のあと海の覇者となったイギリスを超える高水準を保っていた。

幕末の開国によって西欧文明がにわかに流入してきたとき、侍たちは彼らに見下され、属国と化することを拒み、急速に新政府をつくり出し、挙国一致の体制で近代化していった。

そのような日本人の活力は、武士道の高度な精神によって支えられ、生み出されたものであった。

私は武士道の精粋を、それぞれの時代にあらわした侍たちの、精神力のつよさを描くために、幾人かの人物をえらんだ。

長い創作活動の間に、目にした侍たちの感動すべき挿話は、挙げるに暇《いとま》がないほどで、ここに紹介するのは、その一部にすぎない。

武士道——いかに生き、いかに死ぬか◆目次

第I章　武士道はいかにして生まれたか

第2章　武士道の変遷――「武勇と廉恥」から「忠孝」へ

第3章　武士道という「生き方」をつらぬいた人々

第4章 武士が死ぬとき――武士道における「死生観」とは

第5章　日本人の心となった「武士道」

第Ⅰ章

武士道はいかにして生まれたか

武士道の源流——戦国武士の本懐とは

武士道とは、中世から近世へ移行するあいだの、戦乱の時代に生きた武士たちのあいだに、いつのまにかできあがった道徳律であった。

その起源は、もっと古いかも知れない。人が法律によって守られることのない、弱肉強食の時代に、命を賭《か》けて生きるか死ぬか、確率五十パーセントの闘争をつづけてきた戦士たちのあいだに、自然にできあがってきた彼らの理想像が、のちに武者道、あるいは武士道と呼ばれるものになったともいえよう。

武士道は忠、孝であるといわれる。肥前鍋島藩の山本常朝《つねとも》が口述した有名な葉隠聞書《はがくれききがき》には、「武士道とは死ぬことと見つけたり」と記され、これこそは武士道の心得の精粋であるといわれた。

だが、このような考えは、徳川幕藩体制を永続させるためにとりいれた儒教道徳である。漢の高祖が天下を平定したときに、猛獣のように凶暴、放埒《ほうらつ》であった麾下《きか》の武将たちの野性を圧迫し、規律に従わせるための精神的な檻《おり》として用いたのが儒教であった。

家康は高祖とおなじ手段を用い、武士を階級制度に柔順ならしめようとした。

「武士は二君に見《まみ》えず」

という信条も、江戸時代の武家道徳とされ、勝手に主家を退散する者は、破滅への道を歩まねばならなかった。

江戸時代二百六十余年間、幕府から封地を与えられた三百諸侯と配下の家来たち、徳川家の旗本は、だいたい関ヶ原合戦のあとに身分、封禄《ほうろく》がきまってしまった。

その立場が慶長八年（一六〇三）、江戸幕府成立ののち、ほとんど完全に固定化し、有能、無能を問わず、徳川将軍家十五代のあいだは、先祖からうけた家禄をひきついでゆくよりほかはなくなった。

当然、有能な者は不満を持つ。彼らを忍従の生活に甘んじさせたのは、忠孝をもっとも重しとする武士道で、それは本来、日本の侍のあいだに自然発生した武士道とは、似て非なるものであった。

鎌倉・室町時代の武士は、ひたすら戦闘集団として機能した。そこでは、武勇が第一に重んじられた。武勇とはすなわち、戦場において一人でも多くの敵を殺戮《さつりく》する武芸の強さと勇気である。そして、もう一つ、彼らが重んじた道徳律が「廉恥」、つまり恥を知ることであった。

では、武士は何をもってもっとも恥としたか。それは武勇と反対概念の臆病《おくびょう》である。武士は臆病というものを非常に嫌った。

臆病の汚名を着せられてなお生きることは、彼らの強烈な自尊心がけっして許さなかった。武士が武勇をもっとも重んじ、臆病をもっとも恥辱としたのは、みずからの名を惜しんだからにほかならない。

武士は名を重んじる。彼らが生死の関頭に立たされたとき、生きのびる道があってもそれを選ばず、あえて死を選ぶのは、武士として完全な生涯を全うするためであった。

卑劣な行動をとり長命しても、屈辱の思いを胸中に抱いて生きるのは生きながら死んでいることであると彼らは考えた。わが生を燃焼しつくし、後人の記憶の中に生きるために死ぬのである。

戦国武将の家系を調べてみると、親子・兄弟の戦死者のおびただしさに慄然《りつぜん》とする。生きていることが僥倖《ぎょうこう》といえるような、死が濃厚に立ちこめる時代にあって、男たちはみずからの死を常に肌身の近さで感じ取って生きた。そんな彼らが自分の最期をいさぎよいふるまいで飾ることで、後世の記憶の中に永遠に生き続けようと願ったのは男の情として無理からぬことである。

戦国期の武士は、主人をどれだけ変えても批難されなかった。秀吉が羽柴姓を名乗っている時代に、家中の部将が退散して他家へ仕えたいと申し出ると、こころよくうけいれ、翌朝居館へ呼び寄せ、自分で茶をたててもてなしたうえでいった。

「いずれへ参るとも、思わしくなくばまた帰って参れ。いつにても召し抱えてつかわすでや」

他家へ仕えた侍が、居心地がよくないので秀吉のもとへ戻ってくると、前言の通り以前とかわらない扶持《ふち》を与え、もとのように召し使った。

北条氏三代の北条氏康は、嫡子氏政を諭した。

「大名が家来を選ぶのは当然であるが、家来が大名を選ぶのも当然である。日頃家来をかわいがっていない大名は、隣の国と合戦をおこしたとき、敵に寝返りをしないまでも、領内から退散して他国へゆき、器量のすぐれた大名に仕えることになろう」

戦国武士の気質をあらわす言葉がある。

「恩の死はせねど、情の死はする」

どれほど高禄をもらっていても、主人とともに戦死することはないが、情においてつながっている主人のためには、命を投げだすというのである。

戦国期を生きた侍が、徳川時代に生涯を過ごした侍とくらべると、主人に対する考えが、きわめて対等に近いことがわかる。

毛利元就《もとなり》のあとをついだ毛利隆元が、家来の志道《しじ》広良にいわれたことがある。

「君は船、臣は水にて候。水よく船を浮かべ候ことにて候。船候も、水なく候えば、あい叶《かな》わず候か」

主人は船で、家来は水である。

船があっても水がなければ、浮かぶことも動くこともできない。家来あっての主人であると、中国の諺にあるたとえをあからさまにいったのである。


戦国期の武士は自分の能力、価値を社会における階級の束縛から解きはなち、伝統を無視し、実力によってわが勢力をできるだけ拡張しようとした。それが下剋上《げこくじょう》の時代を開かせた。

下剋上とは、実力をたくわえた下層の人士が、伝統的な支配階級をうちやぶり、その富と権利を奪うことである。鎌倉時代の侍たちは将軍を頂点とする幕府を支える石垣の、石塊か粘土のようなものであったが、応仁の乱（一四六七〜七七）によって支配階級の権威が瓦解したあとは、個々の侍がそれぞれ自己発展をめざすことが、彼らの命を賭《と》しての大運動となった。

自己発展をするためには、戦争によって利益を得るのがもっとも手早い手段である。彼らは笑っていった。

「合戦に出るのはおそろしいが、戦をいたさずとても、いずれは死ぬ身じゃ。さすれば、一《いち》か八《ばち》かのはたらきをして、出世を心がけたほうがよい」

彼らはふるい道徳、習慣を捨て、自己を中心とした考えに従って行動した。主人との関係も、利によってむすびついているだけである。『塵塚《ちりづか》物語』という本に、応仁の乱に将軍足利義尚《よしひさ》を擁して西軍の総師となった、備後《びんご》、安芸《あき》、石見《いわみ》など七カ国の太守山名宗全がある公卿《くぎょう》と乱れた世上につき話しあったことが記されている。

公卿が何事についても古例、前例を引いて語るので、宗全はたしなめた。

「いまの世に、例という言葉は通用しない。今後は時という言葉に改められよ。京洛《けいらく》のほとんどが焼けうせたいま、何事もすべて古例でおこなわねばならぬとすれば、かつて大極殿でおこなわれた朝儀は、どのようにしておこなわれるか。大極殿は焼けて、いまはないのだ」

旧制度が破壊され、消えうせてしまったのちにも、なお古例に従って物事を考える公卿が、力ずくでわが領土を拡張することのみに専念する武士に、手足をもがれたような不自由な立場に追いやられたのは、当然であった。

戦場往来をかさねた武士の「胆力」

家来は主人の器量がちいさいと思えば、主家を捨て、他家へ仕えることをはばからなかった。関ヶ原合戦で十六個の兜首《かぶとくび》を取り、持ちはこびできないので、首級に笹《ささ》を噛《か》ませて証拠とした可児《かに》才蔵は、「笹の才蔵」として天下に勇名をとどろかせたが、彼の経歴をみれば、生涯に主人を七度変えている。

美濃《みの》の斎藤龍興《たつおき》、柴田勝家、明智光秀、織田信孝、豊臣秀次、前田利家、福島正則である。

渡辺勘兵衛という豪傑も、北近江《おうみ》の浅井《あざい》長政、阿閉貞征《あつじさだゆき》のほかに、中村一氏、増田《ました》長盛、藤堂高虎に仕えている。

武辺者《ぶへんもの》としての経歴さえあれば、就職先には困らない。戦国時代は優勝劣敗の原則が重んじられ、家来を軽んじる主人は、その地位から転げ落ちることを覚悟しなければならなかった。

当時、戦場往来をかさね、大剛の名を知られた古つわものは、体力、知力、胆力においいて常人の遠く及ばないすぐれた資質をそなえ、高位の人物をも遠慮なく批判した。

秀吉が北条氏政、氏直父子のたてこもる天下の大城小田原城攻めをおこなっていた、天正十八年（一五九〇）四月末のある日、本陣ではにぎやかに能がもよおされていた。

本陣の前を通過する騎馬武者は、すべて下馬し、色代《しきたい》（挨拶《あいさつ》）をしてゆく。

そのうちに、宇喜多《うきた》秀家の家来で、勇名を知らぬ者がないといわれる花房助兵衛《すけのひょうえ》が、馬上に身をゆだね通りかかった。

助兵衛は下馬せず、兜もぬがず空を眺め悠然と馬を歩ませる。

数人の番士が見とがめ、走り寄って叱《しか》りつけた。

「そのほう、殿下がご本陣の御前を乗り打ちいたす所存であるか。推参者《すいさんもの》めが、早々に下馬いたせ」

助兵衛は鐘の音のようにひびきわたる大音声《だいおんじょう》で、辺りかまわず放言した。

「戦の場で能をいたし遊ぶようなたわけなる大将に、下馬の礼はとらぬぞ」

番士たちは獰猛《どうもう》な面構《つらがま》えの家来数十人を引きつれた、助兵衛のただならぬ眼光に射すくめられ、押しとどめる勇気もなかった。

助兵衛が立ち去ったあと、上司にそのことを告げた。黙っていて、のちに秀吉の耳にとどけば、どのような仕置《しおき》をうけるか知れない。出自《しゅつじ》の低い関白秀吉は、自尊心を傷つけられたとき、すさまじく激昂《げっこう》する。

『多聞院日記』によれば、天正十七年(一五八九)二月二十五日夜、聚楽第《じゅらくてい》の南の鉄門に、豊臣政権を批判する落書を貼《は》った者がいた。秀吉は番士たちが事情を知らないはずがないと、彼らを牢《ろう》に押しこめ尋問したあげく、鼻を削《そ》ぎ耳を切って逆さ磔《はりつけ》にした、と記されている。

「去月廿五日夜、聚楽ノ楽書付、番衆十七人或ハ鼻ヲソギ又ハ耳ヲ切リ、コトゴトク以テハタ物ニ上ゲラレオワンヌ」

という日記の文面には、秀吉の独裁者としての残酷な一面が、あざやかにあらわれている。

秀吉は花房助兵衛のふるまいを注進されると、顔に朱をそそぎ憤怒した。

「さても面《つら》にくきことをいたす奴《やつ》だぎゃ。人もなげなる行儀のほどゆるしがたし。秀家を呼べ」

秀吉は助兵衛の主人宇喜多秀家を呼んだ。

秀家が伺候《しこう》すると、秀吉は語気荒く命じた。

「不埒《ふらち》なる助兵衛をただちに引っとらえ、縛り首といたせ」

秀家は一言も返さず本陣を出ていった。秀吉が天下人《てんかびと》の矜持《きょうじ》を傷つけられたときの憤怒を知っていたので、抗弁しなかったのである。花房助兵衛は勇猛で、秀家にとってはかけがえのない大切な宝ともいうべき家来であったが、秀吉を無視する放言をした彼を、処罰しなければ軍陣の秩序がたたない。

秀家が落胆しつつ一町ほど馬を歩ませたとき、秀吉の小姓が追いかけてきて呼びとめた。

「殿下には、備前（秀家）さまをお呼び戻しなされておられまする」

秀家は引きかえし、秀吉の御前に出た。

秀吉はいった。

「いまほどはいったんの腹立ちにて、縛り首にいたせと申せしが、わしに悪口を吐くほどの剛の者なれば、切腹を申しつけよ」

秀家は礼を述べ、引きさがって助兵衛のあとを追ったが、一、二町いったところで、また秀吉の小姓が呼び戻しにきた。

秀吉はいった。

「いま天《あめ》が下にて、わしにむかいあのようなる大言《たいげん》いたす者はほかになかろうでや。あれほどのあっぱれなる侍を殺すは、惜しきことだわ。助命して加増をとらせよ」

花房助兵衛のような武辺者を殺すことはできぬと、秀吉は考えなおしたのである。

秀吉といえども、命の危険を覚悟してわが本意をあらわした助兵衛の、真率な行為を咎《とが》めるわけにはゆかなかった。

当時の気骨ある侍は、日本の専制君主の威光さえはばからず、信条に従った判断を公然と口にしたのである。

彼らには、「武士は二君に見《まみ》えず」という萎縮《いしゅく》した考えはなかった。

常に死と直面する武士の心の葛藤

命を捨ててかえりみない大剛の士とはいえ、彼らはわが命を全うできる確率が五十パーセントの斬《き》りあいを、幾度もかさねなければ生き残れない野戦に、よろこんで出たか。「武士道とは死ぬこととみつけたり」と達観して、白刃の下に身を挺《てい》したかといえば、そんな考えを持つ者はいなかった。

戦国の侍の眼前には、常に死の恐怖が燐光《りんこう》を放っていた。彼らは戦場へむかう前に、侍となったことを悔いていたのである。医者か僧侶、あるいは地下人《じげにん》と低く見られる百姓、町人の身分であっても、長生きしたほうがいいと、内心では思っていた。

古つわものになればなるだけ、首をとられ、全身の血が流れ出て子供のように縮んでしまった将士の屍骸《しがい》を多く見ることになる。眼球に矢が突き刺さって、生きている味方の軍兵の口に手拭《てぬぐ》いをくわえさせ、肩に足をかけ鏃《やじり》ごと引き抜いてやるときの、苦痛の絶叫を耳にした経験など、戦慄《せんりつ》すべき無数の記憶が心に残っている。

それがすべて、心を萎《な》えさせる怯《おび》えとなり、戦場へむかう足どりを重くさせる。はじめて戦場へ出た者は、昼間であっても四方の物の形がさだかに見分けられないほどの宵闇のなかにいるようだという。恐怖で眼《め》がくらんでしまうのである。

合戦の場数をかさねた古つわものは、そのようなことはないが、死闘に身をさらすのがわが運命であると観念しながらも、武勇と廉恥を至上の信条とする武士道の意地をつらぬくために、心中のさまざまの葛藤《かっとう》を乗りこえねばならなかった。

そのような侍の心中を率直にあらわした手紙がある。

天正十二年（一五八四）四月九日に尾張長久手で徳川勢と遭遇戦をおこない戦死した森武蔵守長可《むさしのかみながよし》の、遺言状である。二十七歳の長可が、家康との決戦の前に、秀吉近臣の尾藤《びとう》甚右衛門にあてたものである。

原文の大意はつぎの通りである。

「宇治にある名物の沢姫茶壺《ちゃつぼ》と、山城仏陀《ふだ》寺にある台天目茶碗《だいてんもくちゃわん》は、どちらも長可の所有であるが、秀吉に進上する。

もし自分が討死《うちじに》すれば、母は秀吉から生活費をもらい、京都に住んでほしい。末弟千丸は、これまで通り秀吉に奉公せよ。自分の後嗣《あとつ》ぎをたててもらうのは、くれぐれも嫌である。だが居城の美濃金山《みのかねやま》は要地であるので、敏腕の武将を秀吉に配置してもらえ。

妻は生家の大垣池田家に預けよ。

粗末な茶の湯道具、刀、脇差《わきざし》など、仏陀寺にある物のほかは皆千丸に与える。

娘おこうは、京都の町人か医者に嫁がせよ。母はかならずかならず京都に住んでもらいたい。

千丸に金山城をつがせるのは嫌であるが、万一こんどの戦が総敗北となったときは、皆皆、城に火をかけて死んでもらいたい」

常に死と直面する生活をつづけてきた武士の真情を、森長可は率直にうちあけている。

武士道を、「死ぬこととみつけたり」などと、軽々しくいわない。

明日の命も知れない侍の生活を嫌悪し、平和な生活を楽しみ、長命できる暮らしを切望していた内心が遺書の行間にみなぎっている。

森長可には、千丸のほかに蘭丸《らんまる》、坊丸、力丸という三人の弟がいたが、いずれも天正十年（一五八二）の本能寺の変で、信長とともに討死を遂げた。

長可の父、森可成《よしなり》は元亀元年（一五七〇）五月、信長の摂津出陣に際し、近江《おうみ》宇佐山城を守備するうち、浅井・朝倉両軍三万の攻撃をうけた。可成は六百の手兵で応戦し、信長の三弟信治の二千の援軍が到着してのち、敵中に突撃してともに討死した。

父と三人の弟を失った長可の思いが、このような遺書をしたためさせたのである。長可は織田信長の麾下《きか》として、鬼武蔵の異名で知られた歴戦の猛者である。

だが内心では命を的に敵を撃破せねばならない乱世を嫌い、一家の平穏な暮らしを願い、神仏にすがろうとしていた。

常時、生死の境に立たされている侍たちは平和を求め、信仰にすがる。

彼らは死中に活を求める合戦において、武運つたなく死ぬときは、わが力の尽きるまで力戦して武勇の名を残し、余人を感動させるような、いさぎよい最期を遂げたいとひたすら願っていた。

それが修羅《しゅら》の境地から逃れられない侍の、意地をつらぬき通す唯一の道であった。

織田信長にみる「武士道の意地」

「武勇と廉恥」を重んじた一例として、織田信長の桶狭間《おけはざま》合戦がある。信長がこのとき戦死すれば、秀吉は歴史に名をあらわすことなく、家康は今川義元か武田信玄の幕僚に甘んじていたであろう。

永禄《えいろく》三年（一五六〇）五月十八日、今川義元は二万八千の大軍を率い、尾張に侵入した。今川勢進撃の正面にある織田方の丸根、鷲津《わしづ》の砦《とりで》は、すでに雲霞《うんか》の敵勢に包囲されていた。二砦の守兵は七百と四百である。翌朝に攻め落とされるのはあきらかであった。

今川勢が三十に近い小山が南北につらなる桶狭間を通過して、清洲《きよす》城をめざせば、前途をさえぎる天険《てんけん》は何もない。尾張の地は標高八十メートルの小牧山があるだけで、坦々《たんたん》とした平野がひらけている。

桶狭間から清洲城までの三里余のあいだには、切所《せつしょ》（障害）といえば五条川があるだけである。

当時の軍隊の戦闘能力からすれば、信長の動員しうる全兵力三千が、今川勢二万八千と平野で戦えば、たちまち蒸発してしまう。

そのため清洲城内の軍議では、家老たちが籠城《ろうじょう》を主張した。

籠城した敵を短時日のうちに撃滅するためには、十倍の兵力が必要であるとされていた。城攻めは、それほどむずかしく、寄せ手も損害を出さざるをえない。

そうなると、今川勢との交渉の余地が出てくる。降伏するかわりに助命してもらい、今川の先手としてはたらくことができる。

実際に降伏し、今川の先手衆《せんてしゅう》となったところで、矢玉の楯《たて》がわりに危険な攻め口に狩りだされ、使い潰《つぶ》されてしまうことになる。

だが、しばらくは生きていられるし、立ちまわりかたによっては、どのような活路があらわれるかも知れない。織田は今川の属国として、それまでの名誉を失ってしまうが、眼前に迫った玉砕の悲運は避けられる。

信長が臆病《おくびょう》であれば、家老たちの意見に従い籠城して、今川との和睦《わぼく》方針をとったであろう。徹底した現実主義者で、きわめて鋭敏な情勢判断をする信長は、一面で現実を無視し、玉砕しても恥ずかしいふるまいはしないという、武士の精神をそなえていた。

彼にとっては、今川に屈服して生きのびることで味わう恥辱に堪える苦痛よりも、死を選ぶほうが楽であったにちがいない。

そのため生涯にたった一度の、勝算の立たない決戦に踏みきったのである。

信長は田楽狭間《でんがくはざま》の急襲で奇跡の大勝利を得たが、その後ふたたび運を天に任せた無理な作戦を、強行することはなかった。

信長の武運が一挙に開花したのは、彼が武士道の意地をつらぬいたためであったといえる。

敵までも強烈に感激させた武勇と廉恥

武士の意地をつらぬいた侍についての逸話は、数えきれないほどである。

天正二年（一五七四）は信玄が前年四月に病死したあとをついだ四男勝頼が、遠江《とおとうみ》、三河に三万の大軍を率い、あばれまわった年である。

勝頼は庶子であったので、親戚《しんせき》に睨《にら》みがきかない。風林火山の旌旗《せいき》、楯無《たてなし》の鎧《よろい》は、信玄の遺言により、彼の嫡男信勝が十六歳になれば受けとり、家督相続することになっていた。

勝頼は身長六尺（一八二センチ）をはるかに超えた巨体で、戦場に出ると危険をかえりみず先陣に出て戦い、信玄にしばしば後退を命ぜられた荒武者である。

彼が信玄の没後、果敢に徳川、織田勢力との対決に乗りだしてきたのは、親戚一家衆が信玄の遺領約百三十万石の半ばを分け与えよと要求するなど、家中団結の乱れる徴候があらわれてきたためであった。

信玄の父信虎は、叔父信恵などの対抗勢力により、分裂していた領国甲斐《かい》を親戚一家衆の協力を得て統一した。

信玄は家督をついだあと、流浪の浪人のうちから人材をえらび、軍団組織を変えた。甲斐の黒駒と呼ばれる駿馬《しゅんめ》を集め、騎馬軍団を編成した。

当時、ふつうの軍団編成では、兵士七、八人に軍馬一頭の割合であったが、信玄は二・五人に一頭と、騎馬隊の数をふやした。その結果、武田の戦力は扶桑（日本）随一、四倍の敵を撃破する能力があるといわれるようになった。

信玄は生涯のうちに、広大な領地を信濃《しなの》、西関東、駿河《するが》、遠江などにふやしたが、信玄の没後、親戚がその分け前を要求しはじめた。そこで勝頼は徳川家侵略作戦に乗りだし、彼らに実力を見せつけ、沈黙させようとしたのだ。

勝頼は天正二年のうちに三河、美濃《みの》の徳川、織田の十八城を陥落させ、六月十八日には父信玄が落とせなかった高天神城《たかてんじんじょう》（静岡県小笠郡）を奪った。

天正三年（一五七五）三月、勝頼は奥三河の長篠《ながしの》城を包囲した。長篠城はもと武田家が地元の土豪奥平氏に預け、三河侵攻の拠点としていたが、さほど重要視していなかった。信玄没後間もない天正元年（一五七三）九月、徳川家康が攻めると、武田勢は積極的な抵抗をおこなわず甲府へ引きあげた。

だが家康はその後一年半のうちに、大規模な増築をして、長篠城を強力な前線基地に変《へん》貌《ぼう》させた。城主は武田方から徳川方に寝返った、奥平信昌である。

勝頼は選《え》りぬきの精兵一万五千人で長篠城を攻め、信長、家康をおびき寄せ、二人を殺そうと考えていた。

家康が動員できる兵数は、せいぜい一万五千人である。このうち領内警備に残置する兵をのぞけば、戦場にのぞむのは八千人ぐらいである。四倍の敵を撃破するという戦力をそなえる武田勢にむかえば、鎧袖《がいしゅう》一触で粉砕されてしまう。

家康は当然、軍事同盟をむすんでいる信長に協力を求めた。信長は家康のために、世界陸戦史で最初といわれる大銃撃戦を敢行するために、狙撃兵と歩兵三万余人を動員した。織田・徳川両軍あわせて約四万人である。

武田勝頼は、五月十一日から長篠城攻撃を開始した。

家康は徳川方に寝返った土豪奥平氏を見捨てるわけにはゆかない。見捨てると、奥三河の人心が彼から離れる。

勝頼は家康のこの内情を見抜いて、長篠城に家康と信長をおびき寄せ、二人を抹殺する計画を思いついた。それは、信玄以来の山県《やまがた》、馬場、土屋ら参謀の進言によるもので、勝利の可能性は充分にあった。

長篠城外の平地で戦えば、武田の騎馬隊と槍《やり》衆の威力は余すところなく発揮され、織田・徳川連合軍が兵站《へいたん》補給の困難な山間の地で総崩れになれば、根拠地の岡崎城へ逃げ帰るまでに追い討ちをかけられ、全滅してしまう。

武田勢は十五日まで休みなく正面からの我攻《がぜ》めをくりかえし、城郭の大半を占領して本丸の攻撃にとりかかった。金掘り人足が坑道を掘って本丸の土居《どい》の基礎を掘り崩す。

信長が三河岡崎城に着陣したのは、五月十四日である。信長は三千挺《ちょう》の鉄砲とそれを操る熟練した鉄砲放《てっぽうはなち》を引き連れていた。信長の威勢はすさまじく、家康の部下大久保彦左衛門は信長を上様、家康を殿様と呼んだほどである。

信長は長篠城周辺では勝ちめがないので、勝頼を狭隘《きょうあい》な窪地《くぼち》である設楽原《しだらがはら》におびき寄せ、決戦を敢行しようとしていた。

信長が岡崎城で軍議をひらいていた五月十五日の夜、長篠城から守将奥平信昌の家来、鳥居強右衛門《すねえもん》という者が脱出してきた。彼は信昌が岡崎城にいる父貞能にあてた手紙を持っていた。手紙にはあと幾日ももちこたえられない急迫した状況がくわしく記され、最後の手段として、家康、信長の救援を乞《こ》おうとしたのである。

もし救援がこないときは、自らが切腹して開城し、家来どもを助けるという。

鳥居強右衛門は三河の市田村（作手《つくで》溝岳）生まれで、三十六歳。信昌の譜代の家来でもない新参衆で身分も低い。

城を十重二十重に取り巻く武田の陣中を潜行して岡崎に辿《たど》りつくのは、万死に一生を期しがたいが、強右衛門はなぜかその役をひきうけた。このまま落城し、土塊に埋もれ死んでゆくのであれば、名を後世に残すはたらきを残してやろうと思いたったのであろう。これが武士道の妙味である。

信昌は信長の援軍が岡崎に到着しているか否かを、もっとも知りたがっている。信長出馬がなければ、長篠城は陥落する。

強右衛門は生還の望みが薄い役目をひきうけるまえ、信昌に頼んだ。

「それがしには母一人と男子一人がおりまする。ついてはお殿様ご開運の時節には、よろしきようにおはからいのほど、お頼み申しあげまする。今夜敵の囲みを抜けしときは、城の向いの雁峰《がんがみね》峠で狼煙《のろし》をあげまする」

強右衛門は敵陣を抜け出る途中、危うく発見されかけたが、無事に脱出し、雁峰峠で狼煙をあげ、十三、四里の道を走って岡崎城へ駆け入った。

信長は杣人《そまびと》の姿で庭前に平伏している強右衛門に自ら声をかけた。

「長篠の後巻《うしろま》きは、明日にもいたすでや。おのしは城に戻るは危ういだで。儂《わし》の人数について供をいたさばよからあず」

信長は勇敢な強右衛門にふたたび武田の陣所を通過させる危険を、冒させたくなかった。

だが強右衛門は、いつ落城するかも知れない長篠城に一刻も早く吉報を伝えたいと、信長のひきとめるのも辞退し、長篠に戻ることにした。

十六日早朝、強右衛門は武田の陣所に着いたが、城中へ戻る道はすべて塞《ふさ》がれていた。彼は敵の足軽をよそおい、陣具を担いで武田信廉《のぶかど》の部隊へまぎれこみ、城中へ駆けこむ機をうかがう。

だが、怪しまれ合言葉に答えられなかったので、たちまち捕らえられ、勝頼の前に引き出された。訊問《じんもん》は武田逍遥軒《しょうようけん》がおこなう。

強右衛門は、城方の密使であるとうちあけた。勝頼は信長と同様に、勇気ある強右衛門が気にいった。命も助け、所領もやろう。今後は儂の家来になれとすすめると、強右衛門は感激して御礼を申しのべた。

自分のような葉武者《はむしゃ》にねんごろな仰せを下さり、まことにかたじけない。ついては家来の端に加えてほしいというのである。

勝頼は過分の知行を与えるかわり、明日の夜明けにひと仕事をしてもらいたいといった。強右衛門を磔柱《はりつけ》へ縛りつけ、長篠城本丸の前の河原に担ぎ出し、信長、家康の援軍はこないと城兵に告げよというのである。

強右衛門は、ただちに承知した。

「さようの儀なれば、あい心得ました。一命をお助け下さり、知行まで頂戴《ちょうだい》できるとは、何ともめでたきことにござりまする」

翌朝、強右衛門は城の前の河原で、磔柱にあげられた。褌《ふんどし》ひとつの赤裸で柱を負い、両手両足を大の字にひらき縛りつけられた。

長篠城本丸の城壁から大勢の城兵が、強右衛門の哀れな姿を見つめている。

強右衛門は声をふりしぼって彼らに呼びかけた。

「信長公、徳川殿には後詰《ごづめ》のご出馬、二、三日のうちに必定《ひつじょう》当地へお着きあるべし。いよいよもって城を堅固に守られよ。今生《こんじょう》の名残、これまでじゃ」

強右衛門は、なお何事かを叫ぼうとしたが、左右から長槍《ながやり》に胴をつらぬかれ、両眼をみひらいたまま息絶えた。

彼の最期を見た者は、その姿を生涯心に焼きつけた。『総見記』に記す。

「ツイニ強右衛門ハ長篠ノ向イ有海原《あるみはら》ノ篠原トイウ所ニ、ハタモノニ掛ケテゾ殺シケル。

敵モ味方モ忠義ヲ感ジ惜シマヌ者コソナカリケレ」

家康の家来で、のちに紀州の徳川頼宣に附属した落合左平次道久という侍は、長篠城中から強右衛門の磔を見た。

彼は磔柱にかけられ両眼を裂けんばかりにみひらいた、全身真赤な強右衛門の最期の姿を指物《さしもの》に書かせ、子孫に伝えた。

敵味方の武士たちは、強右衛門の忠義に感動したのではない。彼の勇気と廉恥に衝撃をうけたのである。

強右衛門は奥平信昌との主従の縁は薄く、命を捧《ささ》げねばならない義理はない。戦国期は、譜代の家来でも主人が自分の才能を認めてくれなければこれを捨て、他に主を求めても道義に反することではない。

強右衛門はさほどの義理もない主人奥平信昌を見捨て、勝頼に仕えればあらたな将来がひらける。勝頼が長篠城を陥落させておれば、武田勢は設楽原《しだらがはら》におびき出され、三千数百挺の鉄砲の三段撃ちで潰滅《かいめつ》することなく、かえって織田・徳川連合軍が惨敗したかも知れない。

戦国の武士たちは常に殺すか殺されるかの瀬戸際に立たされている。戦場往来をかさねるうちには、親兄弟、親戚の男たちがあいついで陣没してゆく。

死に直面する生活をいやでも送らねばならない彼らは、死を忌みきらい、できるかぎり生きのびようと努力しつづけた。

そのような苛烈《かれつ》な現実のなかに生きている彼らであればこそ、自分の意地と勇気をつらぬいた強右衛門の死に、心身を揺り動かされるほどの感激と共感を覚えたのである。

武士の「最期」とはどうあるべきか

設楽原《しだらがはら》合戦では、武田勝頼が信長の謀略に乗せられ惨敗した。

信長、家康が四万弱の兵を率い、岡崎に到着したとき、長篠《ながしの》城を包囲している武田勢は約二万であった。勝頼は、織田・徳川連合軍の所有する鉄砲が千挺《ちょう》ほどであると、自軍の密偵から知らされていた。その密偵は信長に寝返っていた。

信長は常にいっていた。

「戦いの勝敗は、戦場において決するのが三割、戦場へ出るまえに七割が決している」

謀略を巧みに用いた者が勝ちを得るというのである。

『三州長篠軍記』には、信長が岐阜《ぎふ》城を出陣した五月十三日、重臣の佐久間信盛の密使を武田の重臣で勝頼の寵遇《ちょうぐう》をうけている長坂長閑《ちょうかん》のもとへやらせ、申しいれさせたと記されている。

「私はかねて主人信長に恨みを抱いているので、今度勝頼公が決戦されるときは、戦の最中に裏切り、本陣を取り巻き信長を討ちとるであろう」

佐久間信盛は、六千の兵を率いる軍団長の地位にあり、家康と同格に見られていた。信長、家康は五月十八日に設楽原に布陣した。信長は、起伏の多い地形を利用し、陣地の前に三重の堀を掘り、土居《どい》を築き、馬防柵《さく》を三重にめぐらした。

騎馬軍団がもっとも行動しにくい罠《わな》のような設楽原へ、勝頼は出て決戦することを主張した。信玄麾下《きか》で勇猛を誇った馬場信春、内藤昌豊、山県《やまがた》昌景、穴山信君らは、決戦を思いとどまらせようとした。だが勝頼は思慮に乏しい猪《いのしし》武者であった。

設楽原のような場所へ騎馬軍団をさしむければ、苦戦に陥るにちがいないのは彼らが予想するところである。「戦って益なし」と馬場らは主張した。

秋の収穫期にやってきて諸所に放火し、田畠《でんぱく》薙《な》ぎを二、三年もくりかえせば、三河は百姓のいない無人の国になり、労することなく手中に入るというのである。

だが勝頼は歴戦の宿将を一喝した。

「命の惜しきともがらは、甲斐《かい》へ立ち退《の》け。われらは信長どもを討ち果たすべし」

諸将は臆病者《おくびょうもの》と罵《ののし》られたので全員が戦死の覚悟をきめた。

設楽原合戦は五月二十一日卯《う》の刻（午前六時）にはじまり、午《うま》の刻（正午）頃まで互角の勝負がつづいたが、馬防柵に妨げられた武田勢の損害は、その頃から激増しはじめた。

部将のうち、土屋昌次が弾雨のなかで味方に別れを告げる高声をひびかせた。

「信玄公おとむらいに腹を切るべきに、命ながらえしが、ただいま討死《うちじに》なり」

彼は突撃して銃火のなかで即死した。

つづいて山県昌景が胸板を銃弾につらぬかれ、采配《さいはい》をくわえたまま馬から転げ落ちた。

さらに多くの勇将が、織田鉄砲衆の狙撃をうけ、息絶えた。

戦闘は未《ひつじ》の刻（午後二時）に終わった。武田勢は総数のなかばを失った。織田・徳川勢も六千人に及ぶ甚大な損害をうけたが、指揮官の大半を失った武田勢は、総崩れとなった。

馬場信春、内藤昌豊ら家老衆は、勝頼退却ののちも戦場にふみとどまり、戦死した。

扶桑随一といわれた武田騎馬軍団は、信長の鉄砲を駆使する戦略に屈した。『信長公記』によれば、武田方の戦死者は一万余人であった。

日暮れまえ、信長本陣で将士が祝盃《しゅくはい》をあげているとき、武田の捕虜が一人、信長の前に引きすえられた。元結《もとゆい》を失い髪をふり乱した捕虜は、力士のように雄偉な体軀《たいく》であったが、身につけているのは緋縮緬《ひぢりめん》の褌《ふんどし》ひとつである。

筋骨たくましい全身に大小の古疵《ふるきず》がいちめんについていた。生捕《いけど》りにされるとき、甲冑《かっちゅう》武者を投げ、つき倒す猛烈な抵抗をしたので、擦り疵に血をにじませている。

家来は信長に言上《ごんじょう》した。

「こやつは陣場《じんば》（戦場）にて具足から繻絆《じゅばん》、小袴《こばかま》まですべてをぬぎすてうろつきおりしを引っ捕らえしところ、信濃《しなの》衆多田久蔵と申せしゆえ、曳《ひ》いて参じてござります」

多田久蔵は信濃先方《さきかた》衆のうちで、名高い武辺者《ぶへんもの》である。信長は久蔵に聞いた。

「おのし、なにゆえ素裸になりしでや」

久蔵は口をとざしたままである。縄尻をとった侍に、佩刀《はいとう》の柄頭《つかがしら》で背を突かれると、大声で罵った。

「ここな下郎が、無礼いたすな」

信長は久蔵のふるまいが気にいって、ふくみ笑いを洩《も》らした。

久蔵は信長に口をひらいた。

「拙者は今日の合戦に愛想をつかせしゆえ、身支度をすべて投げすてたのでござる」

信長は久蔵にいった。

「おのしならば、さもあろうでや。いまより儂《わし》に仕えるがよからあず。愛想のつきぬ戦をさせてやろうがや」

久蔵は答えなかった。

「こやつの縄を解いてやれ」

信長が命じ、久蔵は縄を解かれたが、しばらくあぐらを組んだままでいた。

彼は突然立ちあがり、傍《そば》に立っている侍の槍《やり》をひったくり、胴を串《くし》刺しにした。

「こやつが、何といたす」

屈強な馬廻《うままわ》り衆が刀の切先《きつさき》をそろえ斬《き》りかかるのを、久蔵は槍先であしらい阿修羅《あしゅら》のようにあばれまわり、全身血にまみれて倒れるまでに、五人の侍を突き伏せていた。

久蔵は自分をふくめ、武勇をあらわすことなく銃撃の雨の下、手も足も出なかった味方の将兵の無念の思いを胸にわきたたせ、信長の家来になれば出世できるという打算も忘れ、命を捨てた。それもまた戦国武士の意地であった。

最期をいさぎよく飾りたいという願いは、戦国武士に共通のものであった。

「恩の死はせねど、情の死はする」

信長の没後、天正十一年（一五八三）四月、織田政権の後継者を決める柴田勝家と羽柴秀吉の、賤ヶ岳《しずがたけ》の合戦がおこなわれた。

勝家は三万余人、秀吉は七万五千と称したが実数五万余人の兵力で激突した。勝家は善戦したが、前田利家の突然の離反により、一気に破局へ突き落とされた。勝家は北国街道から越前《えちぜん》北ノ庄城へ引きあげようとしたが、大勢の家来が彼を逃がすために、身代りとなって命を捨てた。

こういう死に方を、「恩の死はせねど、情の死はする」という。戦国の武士気質《かたぎ》の特徴のひとつである。

知行をどれほど多く与えられ、手厚く待遇されていても、主人とともに死ぬことはないが、情において結びついた主人が破局に陥ったときは、見捨てることなく、地獄の底まで同行するのである。武士は自分の能力にふさわしい待遇を求め、主人を変えることが当然とされた戦国時代であったが、君臣の間柄は報酬しだいというほどドライなものではなかった。

勝家の兵力が、喊声《かんせい》をあげ襲ってくる羽柴勢の前で、急速に減少してゆく。討死《うちじに》するまえに、四方へ逃亡しはじめたのである。最後の様相があらわれてきたと知った、勝家小姓頭で一万石を領する毛受勝助《めんじゅしょうすけ》が、主人にすすめた。

「これまで天下に軍功肩をならぶる者もなき殿が、かようの所にてお討死なされば、後世までの御名の汚れとなりまする。いったん北ノ庄にお帰りなされ、万事を決するが上策でござります」

勝助は砦《とりで》にたてこもり、五、六十人の家来とともに羽柴勢をひきよせ、そのあいだに勝家を北国街道へ逃がそうとした。

勝家旗本勢六百人が、長槍《ながやり》の槍先をそろえ、殺到する羽柴勢をくいとめた。精鋭をもって知られる彼らの槍さばきに、羽柴勢は三度まで突きあったが追いこまれ、退却した。その隙《すき》に勝家はわずかな近習勢と北ノ庄へ戻った。

毛受勝助とともに死をえらんだ家来たちが、勝家の金の御幣《ごへい》の馬標《うまじるし》を砦に押したてると、寄せ手は勝家の首級を取ろうと殺到してきた。勝助は入れかわり押し寄せる怒濤《どとう》のような羽柴勢と、半刻《はんとき》（一時間）ほども死闘をつづけた。

勝助は家来の数が十四、五人になったとき、兜《かぶと》をぬぎ、敵に投げつけ、大音声《だいおんじょう》に名乗りをあげた。

「これなるは勝家が家人《けにん》毛受勝助なり。時にあたり、不肖なりといえども馬標をうけとり、主の恩に酬《むく》ゆるなり」

毛受勢は一刻（二時間）の奮戦ののち、全滅した。

勝家が北ノ庄城に戻ったのは、二十一日夜であった。彼は留守居の重臣を集め、城の防衛をはかったが、掻《か》き集めた守備の兵数は三千に満たない。そのなかには老人、子供も多かった。

勝家は妻のお市に、三人の娘とともに城を出るようすすめたが、お市は残った。信長の妹である彼女は、前夫浅井長政と同様に勝家も落城の非運に遭遇したため、生きる望みを失ったのである。

お市は「天下第一番の美女」といわれ、年齢よりはるかに若く、二十二、三歳に見えたといわれている。

勝家は守兵がすくないので、外曲輪《そとぐるわ》の要害を破壊させていた。二の丸、三の丸に兵を配置し、彼らの妻子は城外へ退避させた。

勝家は城内の攻防戦で、頑強な抵抗をおこない、羽柴勢に甚大な損害を強《し》いた。本丸攻撃がはじまったのは、四月二十四日、寅《とら》の一点（午前四時）であった。

本丸は高い石垣のうえに九層の天守を置いていた。石の柱に鉄の扉。天守にたてこもった柴田の精兵《せいひょう》は、終日寄せ手に損害を与え、死闘のあげく斬《き》り死にを遂げた。

日暮れまえ、勝家は天守の梯子《はしご》をすべて引き揚げ、九層目に登った。風もなく、城兵の抗戦がやんだあと、鉄砲の音が絶えた。

勝家は九層の勾欄《こうらん》に足をかけ、天守を取り巻く寄せ手にむかい、声高に呼びかけた。

「勝家はただいま切腹いたす。寄せ手のうちにも心ある侍は前後を鎮め、後学といたし候え」

城の内外を埋める数も知れない羽柴勢は、静まり返った。

信長在世中は、鬼柴田の名をほしいままにした織田政権の長老が、最期のときを迎えるのである。

勝家の傍《そば》にはお市以下、十二人の妾《めかけ》と三十余人の女房たちが、涙のうちに念仏をとなえていた。勝家は声をはげましていう。

「討死、自害はなお武家の習いなり。生者必滅《しょうじゃひつめつ》、会者定離《えしゃじょうり》。誰あってかこれを免《まぬか》れんや」

勝家はお市以下の女性《にょしょう》を引き伏せ引き伏せ、一人ずつわが手で刺し殺したのち、勾欄の際に出て、鎧直垂《よろいひたたれ》をぬぎ半裸となり、血に染まった両手に鋭利な鎧通しを取りなおした。

六十二歳の勝家の気力はすさまじく、しばらく寄せ手を睨《にら》みつけたのち、裂帛《れっぱく》の気合とともに鎧通しの切先《きっさき》を左の脇腹に突きたて、うーむと呻《うめ》きつつ、ぎりぎりと右に引いて上にはねた。

死者の形相《ぎょうそう》となった勝家は、こんどは鎧通しをみぞおちに突きこみ、両手で臍《へそ》の下まで力まかせに切り裂いた。腹圧で切り口からあふれ出る内臓をかきだしたのち、わずかにうなずいた。いまにも前に崩れそうになりつつ、壮烈な立ち腹を切った勝家の首は、侍臣中村文荷斎《ぶんかさい》が一刀に打ちおとした。

寄せ手の軍兵は、ひとしく号泣の声を放った。勝家の殉死者は八十余人。文荷斎は爆薬に点火し、死者の遺骸《いがい》は猛火に包まれ焼けうせた。

寄せ手の軍兵たちが泣いたのは、勝家が最期を飾るために、常人では考えられない苦痛をともなう立ち腹を切ったためであった。勝家はわが不運を歎《なげ》かず、破滅に直面して気力を落とさず、堂々と冥界《めいかい》へむかっていった。

そうすることが彼にとっての最高の自己主張であった。軍兵たちは勝家が敗北に至るまでの、数々の思いがけない不運に同情した。戦場に立つ侍であれば、勝家のすさまじい死にかたを、わがことのように身につまされて見ていたにちがいない。

「武士の意地と無念」

丹羽長秀は織田政権で柴田勝家とならぶ重臣であった。信長は長秀を米五郎左と呼んだ。

彼が織田家にとって、欠くべからざる重要人物であるという意をあらわすために、人が生きてゆくうえでの必需品である米を渾名《あだな》としたのである。

信長が天正元年（一五七三）、足利将軍義昭を京都から追放し、浅井、朝倉両氏を滅亡させたのち、秀吉は累年の功により浅井氏旧領の近江《おうみ》北三郡十二万石を与えられ、長浜城主となった。

このとき木下藤吉郎の名を改め、羽柴秀吉と名乗り、筑前守に任ぜられたが、羽柴の姓は、柴田と丹羽の二人の姓からとったものであった。

長秀は賤ヶ岳《しずがたけ》合戦には秀吉に協力した。秀吉の器量を勝家よりも高く評価したからである。彼は秀吉から越前《えちぜん》、若狭《わかさ》両国と加賀半国百二十三万石を与えられ、近江坂本城から北ノ庄城へ移った。

長秀は天正十三年（一五八五）四月、五十一歳で病没した。彼は胃癌《いがん》を病んでいたようであるが、その最期は異様であった。重態になったとき、彼は布団のうえに起きあがり、まな板を持ってこさせ、短刀を抜いて外から触れても固くなっているのがわかる患部に突き刺し、えぐりとってまな板のうえに放りだし、「こやつが儂《わし》を殺すのか」と叫んでそれを突き砕こうとし、まもなく息絶えた。

長秀は秀吉に怨恨《えんこん》を抱いていた。秀吉が信長の三男信孝を、賤ヶ岳合戦のあと切腹させ、次男信雄をも軽んじ、織田家の血統を立てず織田政権の後継者としてわが地位を確立したためである。長秀は秀吉を倒す機をうかがいはじめる。秀吉はそれを知っていて長秀の行動を警戒していた。

長秀は病あつく、もはや戦場に立てないわが身を歎き、切腹にひとしい奇異な死にかたをすることによって、無念の思いをあらわしたのである。これもまた、武士の意地をあらわす死にかたであったといえよう。奇矯な死は、わが勇気を遺族と家来に示す、唯一の手段であった。

天地の悠久にくらべれば、人間の生は一瞬の光芒《こうぼう》にすぎないと武士たちは考えていた。

現代になって大東亜戦争の始まった昭和十六年、日本の首相東条英機は、全陸軍将兵の心得として「戦陣訓」を配布したが、その内容は武士道の強制であった。

国民皆兵として徴兵制度がとられていた。戦争がはじまるまでは、一般民衆であった人人が突然召集令状をうけ、戦場に立ったのであるが「戦陣訓」には、「生キテ虜囚ノハズカシメヲ受ケズ」という文章があった。「戦陣訓」は当時の勤労動員学徒にまで配布されたので、実物を眼《め》にした人は、いまも多くいるはずである。

日本は中国との長期の戦いに、現役兵の精鋭を消耗しており、そのうえでアメリカと戦えば、武器弾薬はもとよりあらゆる物資の前線への補給が続かないことを承知のうえで開戦した。

戦況はたちまち悪化してゆく。兵士は召集されるまで武器を手にしたこともない国民であったが、「戦陣訓」では戦いに負けたときは死ねといっている。

戦国期は戦って敗北すれば、大名がかり集めてきた雑兵は逃げるか、寝返って敵方についた。その結果、勝った軍勢の兵数がたちまち膨張し、負けたほうの大将に従う兵は離散した。それが人情に従う当然の結果である。だが現代の戦争では、昭和十四年のノモンハン戦の頃から、敵軍の捕虜となり送還されてきた者は、一カ所に隔離されたのち激戦地に追いやられ、消耗されてしまった。重傷を負い、動けないままで、あるいは意識を失って捕虜になった将兵も、敢闘をほめられることなく、戦線から消えていった。

日本陸軍と戦ったソ連軍、英国軍の将官たちは、日本の下級将校、下士官、兵の健闘をひとしく賞讃《しょうさん》している。

参謀といわれる高級指揮官たちは、作戦をおこなうとき、兵站《へいたん》輸送が充分おこなえる見込みのないまま、将兵を死地に追いやった。その結果、武器弾薬、器機、食糧、水の補給もないまま、敵の十字砲火のなかへ、銃剣突撃をするしかなかった第一線の将兵は、薙《な》ぎ倒された。彼らは弾雨のなかへ身を挺《てい》し、死ぬしかなかったが、戦えば敵に予想を超える損害を与えた。

彼我の火力差は極端であった。硫黄島における米軍は、日本軍の三千五百倍の火力で攻撃した。

この場合、封建時代の武士の立場にいるのは、職業軍人である。彼らは戦うまえにあらゆる手段で敵の内情を探り、充分な情報を得たうえで、対策を練り、勝算のないときは戦うべきではなかった。

戦国期の大名たちは、すべて情報第一主義であった。彼らは大勢の忍者を手足のように使い、敵情を探って、その裏をかく手段を講じた。

日本陸軍の高級将校たちは、作戦会議で図上演習をおこない、火力、兵站を無視した手前勝手な結論を出して、実戦を強行した。外国にいる駐在武官から、敵国の軍備についての重大な情報が送られてきても、参謀本部の将校たちはそれを屑籠《くずかご》に投げこんだといわれる。

彼らは大組織の構成員として、出世のルートに乗ることを処世の目標としていたので、前線将兵の損害がいかに甚大であると予想されても、大作戦を担当、実行し、出世のいとぐちとしたかったのである。

日本人には大組織に組みこまれると良心を失い、出世競争の渦に巻きこまれてしまう弱点がある。つまり、陸軍の高級将校たちは、わが領土を守り、生き抜かねばならない大名が、必死の生存競争をくりかえすうちに自然に身につけた武士道の観念を持ちあわせていなかった。

彼らは組織のなかで役人根性を養い、武勇と廉恥などかけらもなく、親分の手足としてはたらき、芋蔓《いもづる》式に高い地位に就くと、無責任きわまりない作戦を実行し、数百万の将兵を徒死させた。

前線将兵のうちで、敵と戦闘をくりかえし散華した者は、まだ武運があったといえよう。戦没者のほとんどが飢渇によって亡くなった事実は、戦史に記載されていなくとも、戦場からの帰還者が知っている。

武士道を体得していた戦国大名と現代戦を後方で指揮していた官僚将軍たちの戦いにのぞむ覚悟は、天地のひらきがあったのである。

第2章

武士道の変遷

――「武勇と廉恥」から「忠孝」へ

日本人が持つ「三つの心」

戦国期の天正七年（一五七九）以来、日本イエズス会巡察師アレッシャンドロ・ヴァリニァーノは、ローマのイエズス会総長にあてた手紙に、応仁の乱以降、内裏《だいり》（天皇）と将軍が勢力を失い、実力のある家来が主人を倒しその領地を奪う、下剋上《げこくじょう》という戦乱がつづく日本について報告している。

そのなかに日本人の特徴を把握した考察を、いくつか記している。その概要はつぎのようなものである。

「彼らは胸中の感情を外にあらわさず、憤怒をおさえており、怒りに駆られた行動はとらない。そのため、他国の人々のように町なかでも、声をあげて人と争うことがない。

夫妻、親子、使用人は争うことなく、おだやかに話しあい、あるいは手紙で話しあい、その結果、家から追い出されたり、その国から追放されたり、殺される結果となっても、騒ぎたてることなく処分をうけいれる。

非常に残忍な敵に対するときも、たがいに明るい表情で平素の儀礼をかならず守る。この点については、われわれはどうしても信じられない。それは極端である。

誰かに復讐《ふくしゅう》し、彼を殺そうと決心すると、その仇敵《きゅうてき》に対し、親密に情愛と親しさを示し、歓談しつつ様子をうかがう。相手が油断しきったときを狙い、剃刀《かみそり》のような切れ味の重い刀で斬《き》りつける。

ひと打ちに相手を殺したのち、何事もなかったような状態で、平然と刀を鞘《さや》に納め、顔色も変えず、感情をほとばしらせ雑言《ぞうごん》を吐くこともない。

彼らは交際においてヨーロッパ人と異なり、人をおとずれたとき相手に不愉快なことをいうべきではないと考えているので、自分の苦労、不幸、悲嘆を口にしない。逆境にあってもつよい勇気をあらわすべきであると思っている。

それでどんな苦境にあっても他人に一言も語らないか、あるいはそれをものともしない表情で、笑い話にしてしまうのである。一切の悪口、批判を語るのを嫌悪するので、重要な問題については書信によるか、第三者を通じておこなうのが、日本での一般習慣である。両親と子供、主君と家来のあいだはもとより、夫婦のあいだでさえこの形式により話しあいがおこなわれるので、騒々しいいさかいのおこることがない。

子供のあいだでさえ、暴言を吐くことはないし、ヨーロッパ人がやるように平手打ちをくわせたり、殴りあって争うことはない。子供とは思えない礼儀正しい言葉で話しあい、大人のような理性的で冷静な態度が保たれ、たがいに敬意を失うことがない」

ヴァリニァーノがこのように語るのは、大名貴族、高級な武士の社会についてであろうが、イエズス会の司祭たちは、日本人は三つの心を持っているといった。

第一の心は偽りの心で、その心は口にある。第二の心はただ友人にのみ見せる心で、それを胸中に持っている。第三の心はわが体内にふかく隠し、誰にも秘密にしている。彼らは周囲の様子を見て、三つの心のいずれかを話すだけであるといった。

ヴァリニァーノは、このように自制心のつよい日本人が、主君に対してほとんど忠誠心を持っていないと指摘する。

「都合のいい機会に、主君の敵方と結託して叛逆《はんぎやく》し、自分が主君となる。状況が変わるとふたたび旧主の味方となり、さらにまたあらたな状況に応じて謀叛《むほん》するという、叛服常ならざる行為をくりかえすが、これによって彼らは名誉を失いはしない。

このように血族や味方どうしのあいだでさえ、殺戮《さつりく》と裏切り行為がくりかえされる。そうしなければ生存闘争の敗者となってしまうからである」

ヴァリニァーノは、日本の大名がきわめて残忍に、軽々しく人を殺すことにおどろく。

「些細《ささい》な理由で家臣を殺害し、人間の首を斬り、胴体を二つに断ちきることは、まるで犬を殺すようで、重大なことと思っていない。

彼らのうちには自分の刀剣の鋭利さを試すだけで、不運にも出くわした人間を真二つに斬る者も多い。戦乱の際に民家を焼き民衆を殺しつくし、寺院も焼きつくす。彼らは激昂《げっこう》したとき、あるいは敵に殺されるまえに、自分で切腹し自害することも簡単におこなう」

残忍で自然の秩序にそむくこれらの行為を思慮深い武士がなぜおこなうのか。

それはその時代がまったく法によって保護されない、武力によって戦うしか生きのびる道のない、生死を分かつ剣《けん》ヶ峰に爪先《つまさき》立っているような社会であったからである。

優勝劣敗の法則のもとで、命を賭《か》けて前途を切りひらいてゆく武士たちの主人のうちには、身を托《たく》するに足るリーダーなどはめったにいない。卑劣で残酷、貪欲《どんよく》な男たちである。

利欲、色欲につき動かされ、酒池肉林の栄耀《えいよう》栄華を楽しむために家来たちの流す血の色は、彼らにはバラの花の紅色のように美しく見えた。

そんな世界のなかで、自然に芽生えてきたのが武勇と廉恥、弱者へのいたわりなどの武士道徳であった。

死をためらわなくなったサムライ

日本の秩序は朝廷、幕府の権威は地に堕《お》ちても、大義名分が残っていた。天皇の下される綸旨《りんじ》、天皇のもとで天下兵馬の権を掌握するのがたてまえの、征夷《せいい》大将軍の発する内書は、全国の大小名を従わせる大義名分であった。

生死の分かれ目を縫ってゆく地獄のような戦をかさね、命を捨てることをためらわなくなった侍たちは、愚劣な主人から離れ、強くかしこいリーダーを選んでゆく。真の豪傑もしだいに頭角をあらわしてくる。

混沌《こんとん》とした世上に、リーダーとして先頭をきってあらわれたのは、柴田、丹羽、羽柴らを家臣として駆使した織田信長であった。天文三年（一五三四）に生まれた彼は、日本に近世封建制度を確立させることに、はじめて成功した。彼によって秀吉、家康は激流の中の泡沫《ほうまつ》のように消え去ることを免《まぬか》れた。

日本は中世には天皇、公卿《くぎょう》、寺社の所領に分かれていた。武士は支配階級であるこの三者の権利を守る番犬のようなものであった。鎌倉幕府が台頭し、武士階級が勃興《ぼっこう》したように見られたが、一般の武士は源氏、あるいは北条氏の権威を構成する要員にすぎなかった。だが応仁の乱ののちは、支配階級の権威は崩れ、武士たちはかつての伝統をかえりみず、実力で自己拡張をはかるようになった。旧来の道徳、習慣をうちくだき、階級、典礼、学問をなげうち、一切の生活を自己中心主義によっておこなおうという、大小さまざまの武士勢力が、全国に万をもって数えるほど割拠していた。

彼らはわが腹を肥やすために、もっとも手早い手段である戦争を、死をかえりみずくりかえす。戦えばできるだけ多く敵を殺傷し、征服しなければならない。

そのような行為をくりかえすうち、人の死を悲しむ気持ちを豪族、大名たちは感じなくなった。家来、農民を死なせても、領土拡張の手段を講じるのが、彼らの特権であると思ったのである。

大名たちは乱世の勝者となるために、現在の利益を手中にしようと狂奔した。勝ち負けが五十パーセントの戦いで一度は運よく勝ち残ったとしても、次の戦いでは消されてしまうかもしれない。戦いの非凡な才能に恵まれた武将だけがこうした何度にもわたる戦いを勝ち抜くことができるのだが、十回くらい勝ち抜いたところで戦国時代の覇者にはなれず、名をとどめることはできない。

歴史に名を刻むのは、八十回も百回も戦いを勝ち抜いた強運の傑物だけである。秀吉は生涯、百五十回戦って死ななかったのである。そういう選び抜かれた者たちが戦国時代の武将なのである。

一《いち》か八《ばち》かの戦いで莫大《ばくだい》な成功を収めた彼らは、現世の豪奢《ごうしゃ》な生活による逸楽にふけった。戦場に出ると、いつ死ぬかも知れない武士は、職業をかえ商人、百姓になっても生計をたてる自信はない。妻子を養い、平和な環境で長命したいと思っても、金がなければそうはできない。

自暴自棄になった武士たちのあいだにさかんにおこなわれたのは、博奕《ばくち》であった。思いきって大金を賭《か》けるので、勝った者はたちまち長者になるが、負けた者は有り金をはたいたうえに、武具、馬を抵当にとられ、裸体に紙を貼《は》りつけただけで戦場に出た。

そのような絶望的な状態で戦った者が、命を惜しまないので抜群の功名をたてることもあった。

戦闘により譜代の家来が消耗すると、足軽を採用する。浪人、野武士、山賊など氏素姓の分からない者でも、足軽となって戦うことができた。彼らは戦場でほしいままに掠奪《りやくだつ》、暴行をはたらいた。

野卑な戦国大名はこのような連中を酷使し、領民からできるかぎり租税を収奪することに専念していた。

日本全国は各地方の大名によって支配される独立国の集合体で、隣国との戦をくりかえす。諸大名は絶えまない戦乱によって、人力、財力を消耗する。親子兄弟でさえ殺しあう異常な無法状態のつづくなか、いつか天下を統一する英雄が出現するのを待ち望む声があがってきた。

やがて足利義昭を擁し上洛《じょうらく》して第十五代将軍の座につけた織田信長が、京都に「天下」と称する軍事政権をうちたてた。

討死はあたりまえという意識

信長は古い家系の血をうけている。先祖は越前国丹生郡《えちぜんのくににう》織田荘の荘官であった藤原信昌といわれている。織田氏はかつて、越前、尾張の二カ国の守護職をつとめた斯波《しば》氏の家老であった。

斯波氏は室町幕府の管領《かんれい》をつとめ、副将軍格であったが、下剋上《げこくじょう》の時代がきて落魄《らくはく》した。斯波氏には織田、朝倉の二人の家老がいた。朝倉は応仁の乱のとき、主人の斯波氏が西軍山名氏についたのに、東軍細川方に誘われて寝返り、その功により主人にかわって越前守護職になった。

斯波氏はやむなく織田氏を連れ、尾張に下った。織田氏は尾張にきて、五十六万石の領地を支配する。信長の祖父信定は尾張下四郡を支配する守護代織田広信の家老であったが、二十万石の所領を持っていた。斯波氏はすでに実力を失い、尾張上下八郡は織田一族の支配下にあった。

信長の父信秀は織田氏の末流であったが、用兵の名人であったので、主人の織田広信よりも所領が多かった。地元の小豪族らが、広信よりも信秀をボスとして、主従の関係を結んだためである。

地侍と呼ばれる在地領主たちは、所領をボスに守ってもらうかわりに年貢を払い、戦いのときは兵を出す。実力のあるボスには大勢の地侍が家来になる。

ボスが死んだり、声威が落ちると、家来はたちまち他のボスにつく。

信秀は四十二歳で病没し、十八歳の信長が相続したが、所領は八万石に激減した。家来たちが年若い信長では、まもなく襲ってくるにちがいない、駿河《するが》、遠江《とおとうみ》二州の守護大名今川義元に踏みつぶされると思ったためである。信長のもとを離れた家来は、大半が今川義元につき、残りの者は美濃《みの》の斎藤を頼った。

だが信長は、永禄《えいろく》三年（一五六〇）五月、二万八千の大軍を率い尾張に侵入してきた義元を、わずか三千の兵で討ちとり、奇跡の勝利を収めた。その七年後、信長は美濃五十四万石を手中にし、さらに北伊勢《いせ》を併呑《へいどん》して大大名となり、上洛《じょうらく》を果たした。

信長の特徴は、猜疑《さいぎ》心と攻撃性である。戦いの勝敗は、戦場へ出るまでに、七割がきまっている。戦場できまるのは残りの三割であるという、謀略の天才であった。

そのうえ、部下を掌握する、きわめてするどい鑑識眼があった。秀吉は信長より三歳年下で、弘治二年（一五五六）、二十歳のときその草履《ぞうり》取りとなった。

彼は永禄九年（一五六六）までの十年間に、小人頭《こびとがしら》、足軽、足軽組頭、足軽大将を経て侍《さむらい》分《ぶん》にまで昇進した。だいたい千石ぐらいの身分になっていたというが、出自もあきらかでない人物が十年間で侍分になるのは異常である。

信長は命じたことを百パーセントないし百二十パーセント実行する人間を、大抜擢《だいばってき》した。家柄などはおかまいなしで、年俸十万円か十五万円の秀吉を、二十年もせぬうちに近江《おうみ》長浜十二万石の城主、年俸十何億円の身分にしてやった。だから抜擢された者は、死にもの狂いにはたらいた。

新参の下級武士に、譜代家老衆より高禄《こうろく》を与えることも、ためらわなかった。譜代の重臣たちは、そうされると奮起してはたらくようになる。

信長は十万以上の兵を動かすようになっても、軍団が突撃するとき侍たちの顔はもちろん、差物《さしもの》の模様も見分けられない山上にいて、「今日の一番槍《やり》は何々という武者だ」というと、十のうち八まで当たっていたという。現代でいうと総司令官が軍団の将校以上の人事考課を完全に掌握し、行動を把握していたということになる。

自分の手柄を充分に評価して、望外の褒美を与えてくれた主人に対し、家来はできるかぎりの奉公をする。戦国期の侍は、兄弟のうち生き残るのが、二、三割であったといわれる。当主が五代つづけて討死《うちじに》しているという家系も、めずらしくない。

そのため彼らは戦死するのがあたりまえという意識を、常に胸中にとどめようとしていた。ほんとうは生きたいのだが、どうせ死なねばならないのなら、いさぎよい死にかたをして、後世に名誉を残したかったのだ。

信長はこんな侍の心中をよく察していて、きわめて派手な論功行賞で彼らの手柄に酬《むく》いたのである。

信長よりも後世の話になるが、加藤清正の家来に飯田覚兵衛直景《なおかげ》という、有名な豪傑がいた。覚兵衛は清正の幼友達である。彼は清正の没後、子の忠広が改易されたので京都に隠棲《いんせい》した。そののち、つぎのような述懐をしたと、『常山紀談』に記されている。

「儂《わし》は一生主計頭《かずえのかみ》（清正）にだまされてきた。はじめて合戦に出て手柄をたてたとき、同僚が多数鉄砲で撃ち殺された。

儂はそれを見て、なんと危ないことだ。今日をかぎりに武士はやめようと思ったが、陣所へ戻るやいなや、清正がたちまち儂を呼び、今日のはたらきは他にくらべるものもない見事さで、言葉につくせないほどであるといって、刀を賜った。

このように毎度戦場を離れたのち後悔するのだが、主計頭は手柄をたてた者に時をうつさず陣羽織、感状などを与える。それを見る将士が手を打ってほめたて、うらやむので、ついはれがましい気持ちになってうけとってしまう。

儂がそののち采配《さいはい》を取りつづけ、侍大将といわれるようにまで成りあがったのは、主計頭にだまされ、本心をあらわせなかったためだ」

覚兵衛をだましてはたらかせた清正の手口は、信長が家来を思うがままに駆使した呼吸と一致するものである。

武士のあり方を変えた織田家「敬神の志」

信長は残虐な行為をかさねた。明智光秀ならばそのようなふるまいはしなかったであろうとよくいわれるが、野獣のような反対勢力を叩《たた》きつぶし、畿内《きない》を中心とする三十三カ国を平定し、天下一統の国家形態をほぼつくりあげた信長の事業は、光秀などのよくなしうるところではなかった。敵を千人殺せば味方の命が一万人も救われる。

神道を尊崇《そんすう》する織田家には、ひたすら我欲を満たすため、暴戻《ぼうれい》のふるまいをくりかえす凡百の戦国大名が持っていない、敬神の志があった。

信長が全国大名にさきがけて上洛《じょうらく》を果たすことができた大きな理由として、彼の率いる六万の軍勢が、岐阜《ぎふ》から京都への途中、まったく焼討ち（掠奪《りゃくだつ》、暴行）をおこなわなかったことが挙げられる。信長は道中の諸所に兵粮《ひょうろう》、馬糧を野積みにして、兵站《へいたん》に不自由のないようにさせた。

当時は、武田信玄、上杉謙信の軍勢でさえ、兵に掠奪の楽しみを与えないで軍事行動をさせることはむずかしかった。だが信長はわずかでも軍令にそむいた兵は、即座に処刑した。秀吉が一銭を盗んだ兵を死罪に処した「一銭斬《ぎ》り」の軍律は、信長がつくったものであった。

信長は何事も前例をかえりみることなく、自分の判断によって制度を改正していった。

彼は生涯にわたり、軍師と呼べる者を用いなかった。政策はすべて彼ひとりの立案である。霧がたちこめたように見通せない前途をきりひらき、そのあとを辿《たど》ってゆけば、日本がヨーロッパより百年早く中世から近世に脱皮する、的確な布石になっていた。

信長は常識とか面目などにまったくとらわれない。

彼の行動を決めるのは徹底した合理性であった。いま戦えば無用の損害を生じるばかりだと考えれば、弱敵であっても手を出さず、そのため世間が彼を腰抜けだと嘲《あざけ》ってもなんとも思わない、非常に冷静な行動によって、天下一統にむかい着実に前進していった。

信長は高給を与えている重臣には、勤務評定が非常にきびしいので、彼らは戦々恐々としている。だが中級以下の侍たちにとって連戦連勝をつづけ、惜しみなく手当を与えてくれる信長は、生きた神のようであった。

彼は天才であった。誰もやったことのない新機軸をつぎつぎとうちだし、やり損じたときは死ぬのを承知のうえで、あたらしい兵器を効果的に活用し、本能寺で光秀に殺されるまで、前例のない施策のすべてを成功させた。

武士道から「野性」が消えた江戸という時代

信長のあとを継いだ秀吉は、敵を戦わずに従わせる調略に長じていた。信長の生前は影のように淡い存在である。力量のちがう主人の下で動かされている部下は、秀吉のような機略縦横の秀才でも存在感が薄い。

家康もまた、秀吉が生きているあいだは、影のようであった。秀吉にくらべると、重みが違ったのである。

家康は常にナンバー・ツーの地位におり、彼にとって最後のナンバー・ワンであった秀吉の没後、天下を制した。彼は忍耐と長命によって、日本武士の頂点に立つことができた。尾張出身の三英雄によって、日本の近世封建制度は確立された。家康は戦国期の一流武将の最後の生き残りであるということもできる。

彼は慶長八年（一六〇三）二月、江戸幕府を創立したのち、徳川家を永続させるための、きわめて緻密《ちみつ》な政治体制を構築した。

家康の先輩たちは、おおかたが二代か三代で家運が没落した。家康もまた徳川家が数代保てばいいほうであろうと考えつつも、関東から中部に親藩、譜代大名を置き、大身の外様《とざま》大名は大坂から西に所領を与えた。

徳川家の四天王などといわれた大身の武将は、江戸からなるべく離れた場所に領地を与えられ、幕政を司《つかさど》る老中は、数万石の小身の大名のうちから選んだ。

こうして徳川家は豊臣氏を滅亡させたあと、元和偃武《げんなえんぶ》と呼ばれる太平の世に入り、おそらくは家康が予想もしなかった十五代、二百六十余年に及ぶ徳川時代が出現した。

そのあいだに武士道も武勇と廉恥を尊ぶことから、儒学の影響によって忠孝を尊ぶようになった。各藩の藩士の身分も、徳川時代がはじまってから終わるまで、多少の変動はあってもおおむね固定した。

たとえば関ヶ原の戦まで、おなじ十五石ほどの鉄砲同心が二人いたとする。主人は東軍に参加したので、一人は格別の手柄もなく、俸禄《ほうろく》は三十石ほどにふえるにとどまった。だが、いま一人は特別になんらかの手柄をたてたので、千石になった。

そうなると二人の子孫の生活の格差は激変する。千石の大身となった男の子孫は、外出するときは騎馬であるか、駕籠《かご》に乗る。三十石のほうの子孫は、千石の子孫と往来で行きあうと、土下座して挨拶《あいさつ》しなければならない。雨が降っていると、ぬかるみに袴《はかま》をはいたまま路上に坐《すわ》り、額を泥にすりつけねばならない。

子孫にいかなる秀才が出ても、学才を買われ出世できる機会など、まずおとずれてこない。千石のほうの十歳ぐらいの小童《こわっぱ》が、三十石の家の四十がらみの主人に「貴様《きさん》」と呼び、年長のほうは「お前さま」と呼ばねばならない。

このように鬱屈《うっくつ》した階級社会で、本音と建前を使いわける武士が、本来の野性を押し殺し、「君に忠、親に孝」というようになった。

第3章

武士道という「生き方」をつらぬいた人々

最後の戦国武将、その生き方

戦国武将の掉尾《とうび》の精華というべき働きを残した真田昌幸《まさゆき》・幸村《ゆきむら》父子の生涯をここで書かねばならない。

大坂冬の陣（慶長十九年・一六一四）、同夏の陣（元和《げんな》元年・一六一五）の両度にわたる東西合戦で、薩摩《さつま》藩主島津家久の記した国元への報告書がある。

「五月七日に、御所様の御陣へ真田左衛門佐《さえもんのすけ》仕かかり候て、御陣衆追いちらし、討ち捕り申し候。

御陣衆、三里ほどずつにげ候衆は、皆々生き残られ候。三度めに真田も討死《うちじに》にて候。真田日本一の兵、いにしえよりの物語にもこれなき由、惣別《そうべつ》これのみ申すことに候」

左衛門佐と記されているのは、真田幸村である。幸村は死後にいう生前の実名で、生きているうちは信繁《のぶしげ》と名乗っていた。

真田氏は、東信濃《しなの》の山間にある小県《ちいさがた》郡真田の里からおこった小豪族であった。いつからか信濃国司であった大勢力の滋野《しげの》氏の縁者となった。

　滋野氏の名は平安時代から史書に見られるが、真田氏が史上にあらわれてくるのは室町後期からである。滋野氏は巫女《みこ》、修験者《しゅげんじゃ》、山伏を支配していた。熊野、大台ヶ原から羽黒山、月山《がっさん》へ往来する修験者たちは、医術、武芸、妖術《ようじゅつ》に通じている。それは遠い中国大陸から伝わったものであった。滋野氏の氏神白鳥明神はオシラサマと呼ばれる、修験者の神であった。


　真田家は幸隆《ゆきたか》、昌幸、幸村の三代にわたり、戦国史上に鮮烈な足跡を残した。

　幸隆は信玄が信濃に侵入してくると、その部将として活躍した。彼は調略の名人で、敵の堅城を攻めるとき、城内から裏切り者を出して陥落させた。

　永禄《えいろく》四年（一五六一）九月十日の川中島の激戦に幸隆は参加して勇戦した。彼はそののち、信玄の命令により西関東に進出する。上州には大小の上杉方拠点があるが、その中心となるのは沼田城（群馬県沼田市）である。幸隆は得意の調略により上州の諸城を占領し、天正二年（一五七四）夏に陣中で病没した。

　幸隆の三男が昌幸である。彼は天文十六年（一五四七）に生まれ、天文二十二年（一五五三）、七歳で信玄の小姓となった。永禄十二年（一五六九）には使番に昇格した。使番は信玄の旗本としてつよい発言権がある。

永禄末年には昌幸は家老につぐ立場の部将となった。昌幸には四男五女がいた。妻は信玄夫人三条氏の侍女として、京都から下ってきた女性といわれる。

昌幸の長兄、次兄は天正三年（一五七五）、三河長篠《ながしの》城外設楽原《しだらがはら》の戦いで亡くなり、昌幸が真田の家督を継いだ。


天正六年（一五七八）三月、上杉謙信が亡くなり、跡目相続をめぐり、姉の子の景勝《かげかつ》、北条氏康の子の景虎が内戦をはじめた。

沼田城は同年五月に北条氏政の手に渡ったが、昌幸は沼田城と利根川をはさみむかいあう名胡桃《なぐるみ》城を占領し、天正八年（一五八〇）正月に調略により沼田城を取り戻した。

昌幸は沼田城と付近の土地を武田勝頼から与えられた。

まもなく天正十年（一五八二）の織田信長横死がひきおこした政情混乱に、昌幸はまきこまれた。昌幸ははじめ五万の大軍を率い信濃に侵入した北条勢に協力したが、家康幕下に属していた弟信尹《のぶただ》に説得され、徳川方につく。

北条の大軍は西関東の真田諸城を攻めたが、沼田城は陥落しなかった。昌幸は家康を後《うしろ》楯《だて》とし、本領小県の上田城に拠《よ》って越後《えちご》から迫る上杉勢に対抗し、上野《こうずけ》では北条の大軍と戦い、善戦して沼田の所領を守り抜いた。

上杉、北条を現代の産業界にたとえると、巨大企業であり、真田は零細企業であった。所領はせいぜい四万石、兵力は掻《か》き集めても二千人前後である。上杉、北条は数万の兵を楽々と動員できる。上杉の所領は百数十万石、北条は三百万石である。

だが昌幸は情勢の急変に直面した。天正十三年（一五八五）、家康が北条と和睦《わぼく》したのだ。甲斐《かい》、信州佐久、諏訪《すわ》は徳川領となり、上州は北条領ときめられた。

上州沼田の真田領は、北条に渡さねばならない。だが昌幸は家康の命令をことわった。

「沼田は徳川から与えられた土地ではなく、おのが力によって取ったものである。このたびご忠節申しあげたによって、あらたに恩賞を与えられてしかるべきに、その沙汰《さた》もなく沼田を渡せと申されても、思いもよらず」

昌幸は徳川と絶縁し、上杉景勝に和を乞《こ》い、次男弁丸（幸村）を人質として春日山《かすがやま》城に送った。景勝は昌幸の領地を保証した。

徳川勢が上田城、沼田城を攻撃してくれば、援軍を派遣するというのである。

天正十三年八月、家康は叛逆《はんぎゃく》した昌幸を征伐のため、鳥居元忠、平岩親吉《ちかよし》、大久保忠世《ただよ》、諏訪頼忠ら七千余人の軍勢をさしむけた。昌幸は、野戦の名将として天下に武名のとどろく、二百五十五万石の太守である家康を相手にしても、さんざんに駆け悩まし、ふるえあがらせてやろうと待ちかまえていた。

秋の信濃路は大小の山岳が重畳し、見通しがわるいうえに、突然濃霧が出る。山間の戦いに慣れない徳川勢が、どれほど押しかけてきても、恐れることはない。

上田城は千曲川《ちくま》尼ヶ淵《あまがふち》の断崖《だんがい》に面し、要害で、本丸三千四百坪、二の丸五千四百五十坪の広大な規模である。

本丸には、千人ほどの兵がいた。

昌幸の嫡男信之は、二百人ほどの小勢で上田城東方一里の国分寺にひそみ、徳川勢が接近してくると、わざとあわてふためいて城へ逃げこみ、敵を誘った。

徳川勢は城下へ乱入し、大手門を百匁玉筒で撃ち破ったが、城兵はまばらな射撃で応じるのみである。七千余の徳川勢は押しあって城内に乱入する。

二の丸の門扉を砲撃で破壊した徳川勢が駆け入ろうとしたとき、二の丸櫓《やぐら》に大木を吊《つる》していた綱を城兵が一斉に切り放したので、たちまち五、六十人が押しつぶされた。

同時に四方の櫓、塀の狭間《さま》から雷鳴のような轟音《ごうおん》とともに、鉄砲が撃ちかけられた。徳川勢は広場を埋め、弾丸を避ける物陰もなかったので、豪雨のような銃弾を浴び、なぎ倒される。

徳川の全軍は総崩れとなった。城外へ潰走《かいそう》する途中にも銃撃をうけ、城外の神川まで引きあげるわずか四、五町のあいだに死傷者が重なりあう惨状となった。

徳川勢と真田勢が入り乱れ、たがいに敵味方をまちがえる混戦であった。大久保隊が神川の河原に集まっていると、十七、八の母衣《ほろ》を背負った真田の騎馬武者が近づいてきた。

徳川勢を味方と見誤っている様子で、大久保平助（彦左衛門）は傍《そば》の侍が槍《やり》をとりなおし、突こうとするのをとめた。

「小倅《こせがれ》ではないか。殺すのはむごい。見逃してやれ」

まもなく味方の騎馬武者がやってきて、たずねた。

「この辺りへ真田の世倅《よせがれ》めが参りませぬかや」

「なに、真田の倅と」

「さよう、信之にござるだわ」

彦左衛門は返事ができなかった。見逃したのは真田信之であった。

神川を渡った徳川勢は、真田勢の猛威に胆《きも》を奪われ、胴震いがとまらず、眼前五、六間の対岸に押し寄せている、味方の三分の一ほどの真田勢に手が出せない。

味方は皆腰がぬけ、戦う気力を失っていたと彦左衛門はのちに述懐している。その日わずか数刻の合戦で、徳川勢の戦死者は千三百余人、負傷者をふくめると、全軍七千余人の半数が戦力を失った。

彼らは小勢の真田勢に攻めかけることもできず、睨《にら》みあう。十月になって井伊直政、松平康重、大須賀康高、牧野成定《なりさだ》、菅沼定政が援軍五千を率い着陣した。徳川家康は、上田城を陥れねば、武門の面目にかかわると見て、精鋭をえらび増派してきた。

だが十一月下旬、徳川勢は上田城の包囲を解き、逐次退却していった。徳川家を支えた重臣石川伯耆守《ほうきのかみ》数正が、羽柴秀吉のもとへ奔《はし》ったため、家康が全軍団の組織を組みかえねばならなくなったのである。

結局、真田昌幸は天下に武名をとどろかせることになった。その後、昌幸は秀吉政権に帰服し、次男幸村を出仕させ、長男信之を家康に出仕させた。

信之は徳川の重臣本多忠勝の娘を妻に迎え、幸村は秀吉の直臣として奉行大谷吉継の娘をめとり、豊臣の姓を許された。

昌幸はいかなる情勢のもとでも真田家の存続をはからねばならないので、豊臣、徳川の両勢力と縁をつないだのである。

関ヶ原の戦い——真田父子の生き残るための決断

慶長三年（一五九八）八月、秀吉が伏見城で没したのち、二年後の慶長五年（一六〇〇）に関ヶ原の役がおこった。

昌幸《まさゆき》父子は、東軍と西軍のいずれにつくか相談した。幸村《ゆきむら》の妻の父は大谷吉継。昌幸の娘婿宇田頼次は、石田三成の妻のきょうだいである。昌幸は元来、家康と気が合わないので、西軍につくことにした。

信之が徳川方につけば、東西両軍のどちらが勝っても真田氏が滅亡することはない。昌幸は別段、秀吉に恩をうけたわけではないが、三成に賭《か》けてもよいという気が動いた。元来反骨の持主である。

信之は家康に、父と弟が西軍に加わることになったが、自分は徳川陣営にとどまると告げると、家康はおおいによろこび、小県《ちいさがた》郡の所領安堵《あんど》状を与えた。このとき昌幸は五十四歳、幸村は三十四歳であった。

昌幸父子は上田城にたてこもった。秀忠は家康の命により徳川家の主力戦闘部隊三万八千余人を率い、八月二十四日宇都宮を出発、中山道を西上した。

秀忠は九月二日、信濃《しなの》佐久郡小諸《こもろ》城に入った。中山道をはずれた小諸に布陣したのは、昌幸がたてこもる上田城を攻めるためであった。西上を急ぐためには、上田城をいくらかの軍勢で包囲させ、本隊は真田のような小勢を相手にしないほうがよかった。

だが秀忠がこだわったのは、天正十三年（一五八五）の上田攻めで徳川の攻囲軍が大損害をうけ、退却した恥辱をすすぎたい気があったためである。

真田信之は、徳川勢の先手として父と弟を攻める苦しい立場に立たされた。昌幸は戦いがはじまると、得意の伏兵戦術で敵をおびき寄せては矢玉の雨を降らせ、多大な損害を強《し》いた。

わずか二千の城兵が、四万に近い寄せ手を翻弄《ほんろう》し、八日間を空費させた。このため秀忠はついに城攻めをあきらめ、上方へむかったが、結局関ヶ原の合戦に遅れて戦場に到着する、大失態をした。

昌幸、幸村父子は、徳川勢をふたたび撃破した。どのようにして大軍を駆け悩ませたのか、想像もつかない戦歴である。

西軍敗北ののち、昌幸、幸村父子は城をあけ渡し、降伏した。二人は処刑されるところであったが、信之が恩賞にかえて助命を懇願したので、高野《こうや》山麓《さんろく》九度山へ流罪にされることになった。

慶長五年十二月、昌幸父子は十六人の家来を連れ、九度山へおもむいた。信之は沼田領二万七千石と父の領地であった上田三万八千石にくわえ三万石を加増され、九万五千石の身代となった。真田家の家門は以前にもまして隆盛への道を進むことになった。

九度山は高野山表参道の登り口一帯の農村である。昌幸は妻を国元に置いていたが、幸村は妻子を伴ってきている。

流人である昌幸たちは、国元からの仕送りで生活していたが、常に金銭に窮していた。昌幸が上田へあて送金を督促する手紙が多く残っている。

いつ赦免の知らせがくるという見込みはたたない。昌幸は慶長十五年頃から病を得て、床につく。地元の豪家などに借財をかさね、窮迫のうちに慶長十六年（一六一一）六月四日、九度山の土となった。

幸村は父の没後、寂寥《せきりょう》のうちに日を送った。彼は連歌の名手で、女性の手によるものかと疑うほどの、繊細な筆跡であった。京都にいた真田家の家来に、焼酎を送るよう頼んでおり、酒好きであったようである。

真田紐《ひも》というのは、昌幸、幸村が九度山にいるあいだに、正宗、貞宗の脇差《わきざし》の柄《つか》に巻く木綿の平打《ひらうち》の紐をこしらえたものから、はじまっているといわれる。

慶長十九年（一六一四）の前年頃であろうか、幸村が姉婿にあてた手紙がある。

「遠路、思《おぼ》し召しによりお手紙を頂戴《ちょうだい》いたしました。仰せのように当春もあいかわらずおめでたいことです。それで御祝儀として鮭《さけ》二匹お送り下さり、かたじけないしだいです。

おいそがしいところ、ご配慮下さり心苦しく思っております。そなたにはお変わりもないとのこと、使者市右衛門から承り、満足に存じます。こちらも無事に過ごしております。私のうそかじけた体は、市右衛門がお伝えするでしょう。くわしく申すこともありません。

もはやお目にかかることもないでしょう。そなたの噂《うわさ》はいつも申しております。くわしくは市右衛門が申すと存じます」

幸村は去年からにわかに老いこみ、ことのほか病身になった。歯も抜け、髭《ひげ》も黒いものはすくなくなった。いま一度会いたいと記す。

幸村は妻とのあいだに二男六女があった。ほかに家臣堀田作兵衛の妹とのあいだに「すへ」という娘があり、小県郡長窪宿（長門町）本陣石合十蔵の妻となった。幸村はこの娘の行末を案じ、婿十蔵にかわいがってやってほしいと、手紙で頼んでいる。

幸村の寓居《ぐうきょ》に、家康が大坂討伐の命令を発し、まもなく駿府《すんぷ》を出発するという情報をたずさえた、大坂城からの使者がおとずれたのは、慶長十九年（一六一四）十月初旬であった。

真田幸村が絶対に「避けたかったこと」

豊臣秀頼は幸村《ゆきむら》に入城を懇請し、支度料として黄金二百枚、銀三十貫を届けた。当時、米一万八千石に相当する、窮乏の浪人幸村にとって、目のくらむほどの大金である。

幸村はただちに応じ、十月九日に九度山を発し、大坂へむかった。

幸村は大金に心をひかれたのか。地元の豪家からの借財をすべて返済したい気持ちもあったにちがいない。だが彼にとってあり余る金で贅沢《ぜいたく》を楽しむ気持ちなどはなかった。このまま辺陬《へんすう》の地で、父昌幸《まさゆき》のようにわびしい死を迎えるよりは、大坂城に入って十万といわれる浪人勢を指揮し、武士としての死に花を咲かせたいと望んだにちがいなかった。

幸村は父昌幸とともに、上田城で山が動くかと思えるような徳川の大軍を、二度にわたり撃破し、武名を天下に知られた。彼はすでに四十八歳であった。戦場のはたらきが満足にできるのは、あと七、八年である。

この機会を逃せば、世に知られることもなく辺地の土となってゆくだろう。最後の花を咲かせるため、昌幸より二十年近く早い死を迎えるのにためらいはなかった。

幸村は百三十人ほどの手兵を率い、寓居《ぐうきょ》を出発した。付近の百姓はふだんから幸村を敬愛していたので、紀伊《きい》国主浅野幸長の兵が駆けつけてきたとき、三刻（六時間）まえに幸村一行が妻子ともども出立していたのを、三日前に立ちのいたと告げ、追撃させなかった。幸村が出発の夜、付近の百姓数百人を呼び集め、大酒宴をひらいたのは、有名な話である。

家康は十月十一日に駿河《するが》を発し、十四日に浜松城に入ると京都所司代《しょしだい》板倉勝重から知らせが届いていた。

「大坂城には諸浪人が数知れず入城しています。根来《ねごろ》衆三百騎と前後して、真田源二郎（幸村）が入城いたしました」

入城するのは浪人ばかりで、秀吉恩顧の大名は所領を守ろうとして、秀頼の誘いに応じる者は一人もいなかった。

入城した浪人のなかで、幸村と長宗我部《ちょうそかべ》盛親《もりちか》、毛利勝永は元大名であったので、三人衆として重視された。

籠城《ろうじょう》したのは甲冑《かっちゅう》武者八千七百、雑兵《ぞうひょう》十万であったといわれる。

寄せ手の家康は七十三歳、秀忠は三十六歳。東軍の総数は二十万であった。大坂城の軍議の座で、幸村は宇治、瀬多へ城兵を進出させ、強行軍でくたびれている東軍を撃破し、秀頼は自分と毛利（勝永）を先手として大和路へ押し出し、奈良から迂回《うかい》してくる家康の率いる別動隊を粉砕する戦法を主張した。

東軍への城外での攻撃は、敵の機先を制する重要な作戦であった。

幸村の説に塙《ばん》団右衛門が賛成した。城方が宇治、瀬多で敵をくいとめ、大和に進出して反撃すれば、噂《うわさ》はたちまち畿内《きない》から中国、西国に伝わり、秀吉恩顧の大名のうちから大坂方に味方する者が続出するというのである。だがせっかくの積極策は、野戦の経験のない大野治長《はるなが》に反対され、実現しなかった。

京都二条城で家康と秀忠が対面したのは十月十二日。家康は十五日卯《う》の刻（午前六時）二条城を出て奈良にむかった。秀忠は枚方《ひらかた》から大坂へむかう。

家康は途中で大坂方に急襲されることを恐れ、木津から奈良まで十三里の道を、大勢の陸尺《ろくしゃく》に担がせた輿《こし》で急行し、奈良に着いた。

その情報は夜のうちに大坂城に届いた。

幸村は疲れはてた人馬を率い、奈良に泊まっている家康を急襲すれば、かならず討ちとれると主張した。

後藤又兵衛、長宗我部、毛利らは賛成した。大坂から奈良までは七里の道程である。幸村は、家康がもっとも恐れている奈良攻めを実行したかったが、また大野治長に妨げられた。治長はひたすら城にたてこもる防戦を主張する。

このとき幸村が精兵を率い、奈良を襲えば、家康は討ちとられたであろうと、絶好の戦機をのがした治長の愚かさをさげすむ声が、のちのちまで絶えなかった。

枚方方面と奈良から進撃して、大坂城を包囲した東軍は二十万人、小荷駄人足を加えると、その数をはるかにうわまわる。大坂城の面積は現在の約五倍。しかも、大坂城は織田信長が足かけ十一年をかけ、大軍を催し猛攻をかさねても、落城しなかった浄土真宗石山本山の跡地に建てた巨大な要塞《ようさい》であった。

一方、東軍の陣所は一万石について幅三間（約五・四メートル）しか与えられない混雑ぶりであった。

本丸、山里曲輪《ぐるわ》、二の丸、三の丸を囲う惣構《そうがま》えの濠《ほり》の外に、縦長の長蛇の陣をつらねる。一万石についての軍役《ぐんえき》は二百五十人である。十万石の大名であれば、二千五百人が、幅五十四メートルの陣所に陣小屋をたてつらねるのである。他の部隊のうしろへ配置され、城兵と銃火をまじえることもできない小部隊も数が多い。家康、秀忠は、天王寺に近い茶臼《ちゃうす》山《やま》に本陣を置いた。

大坂冬の陣は、十一月下旬から一カ月のあいだ激戦をつづけたのち、十二月二十日に和議交渉がととのい、休戦となった。

真田幸村はその間に東西両軍を驚かすはたらきをあらわした。幸村は七千の将兵を指揮した。大坂城にくるまではまったく見も知らぬ他人であった浪人たちは、真田隊に属し、赤備えの武具を着用すると、譜代の家来にもまさるほど幸村の手足となり、整然と進退するようになった。

九度山で十四年間閉居し、往年の鋭気も衰えていたであろう幸村が、天下に比類なき武者とほめたたえられるほどの武勇をあらわしたのである。


大坂城三の丸の南面を守る惣構えの濠には、西端が松屋町口、中央が谷町口、東端が八町目口（平野口）の三門があった。幸村は八町目口が奈良から天王寺を経てつらなる丘陵の正面に位置しているのを見て、惣構えの外に真田丸という、半月形の砦《とりで》を築いた。八町目口の東側である。

百間四方の塀柵《さく》をかまえ、柵の外に空濠《からぼり》をめぐらし、濠のなかにも二重に柵を立てた。塀、柵は一間置きに矢狭間《やざま》六個を設け、鉄砲三挺《ちょう》を置く。塀の内には幅七尺の武者走りと呼ぶ通路があり、狙撃兵が銃口をつらねている。

幸村は真田丸から数町前方の篠山《しのやま》という笹《ささ》の密生した小山にも柵をつらね、銃隊を置いた。

「負ける戦」になぜ幸村は臨んだのか

家康は真田丸の戦力を警戒すべきであると見ていた。わずか二千の寡兵を率いる真田昌《まさ》幸《ゆき》、幸村《ゆきむら》父子に、徳川の大軍が二度も苦杯を喫した記憶が焼きついている。野戦の名将といわれる家康が、籠城《ろうじょう》勢のうちでもっとも警戒しているのが、幸村の武略であった。

真田丸の正面には加賀前田利光隊一万二千、松平忠直隊一万人、井伊直孝隊四千人が配置された。将兵は高さ八尺、幅四尺の鉄楯《てつだて》を用い、狙撃を凌《しの》ぎつつ真田丸の濠際《ほりぎわ》へ押し寄せた。

家康は正面からの攻撃は損害をふやすばかりである。築山《つきやま》をつくり、そのうえに大筒をあげて、砲撃により要害を破壊せよと命じた。前田勢がさっそく土木工事をはじめたが、真田丸と篠山《しのやま》からの十字砲火をうけ、損害続出して中止した。

秀忠は真田丸攻撃のまえに、篠山の真田別動隊の撃滅を前田利光に命じた。前田の先手本多政重隊が十二月四日丑《うし》の上刻（午前二時）、篠山にむかった。

猛烈な銃撃をうけるにちがいないと覚悟していたが、幸村は斥候を派して敵の行動を探っていたので、篠山の分遣隊を真田丸へ戻していた。本多隊が森閑と静まりかえった篠山に登ると、人影はまったくなく、柵《さく》のあいだを雪もよいの西風が音をたて吹き過ぎるばかりであった。

本多隊が敵影を求め、笹《ささ》をかきわけているとき、前田勢の山崎閑斎、横山長知の両隊が本多隊がいつのまにかいなくなったのに気づき、抜け駆けされたと思い、あわててあとを追う。篠山へ向かうつもりが、濃霧が出てきたので方角を誤り、真田丸の正面濠際に達した。

本多政重は篠山の頂上から山崎、横山隊の進出を見て、遅れをとってはならぬと真田丸空濠《からぼり》の前へ急行した。

三隊は先手を争ったので、銃弾を防ぐための竹把《たけたば》、鉄楯を陣所へ置いてきた。篠山を攻め落とすつもりであった前田勢の大半が、霧のなかで押しあいながら敵前に団子のように密集した。

やがて八町目口に対陣する井伊直孝四千人、松平忠直一万人、藤堂高虎四千人の諸隊が、前田諸隊の進出に気づいて、闇中《あんちゆう》のふかい霧のなかを灯火もなく駆け出し、真田丸の濠際へ寄った。彼らもあわてていたので、竹把、鉄楯など面倒な防具を持っていない。

真田丸が無数の鉄砲ではりねずみのように武装しているのを予想しているが、濠際から塀柵にとりつき力攻めにすれば、なんとかなるだろうと寄せ手は反撃を軽視していた。

真田丸では幸村が柱に背をもたせ、あぐらを組み眼《め》をつむり、潮騒《しおざい》のような寄せ手の人馬の物音を聞いていた。

部下たちが真田丸から出て合戦したいと懇願するが、幸村は許さなかった。

「いまは魚が釣針の餌《えさ》のまわりに集まっておる。気早に竿《さお》をあげるではない」

夜があけ、霧がうすらぐと、真田丸の将士は濠際に旗差物《はたさしもの》が隙間《すきま》もなくひるがえり、刀《とう》槍《そう》をつらねた数万の敵兵がむらがっているのを見て、全身の血が逆流するような昂《たか》ぶりをおさえられなかった。

幸村は小姓に命じ、寄せ手に口上を述べさせた。

「皆の衆には暗きうちより篠山をお取り抱え召され、御苦労千万なり。篠山にて鳥獣を狩らんとの思《おぼ》し召しにござったか。鳥獣は鉄砲におどろき、いずかたへか逃げ散ったれば、狩りは無用と存ずる。もしお暇あらば、この真田丸へお取りかけ召されよ。おもしろき馳《ち》走《そう》をもつかまつろうよ」

前田の家老奥村栄顕《ひであき》は、口上を聞くと嘲弄《ちょうろう》をうけた恥をすすごうと、空濠の柵をやぶり真田丸の塀にとりつこうと、肉薄した。

幸村は大音《だいおん》に下知する。

「的は目のまえだ。思い思いに撃ちまくれ」

城兵は押し寄せる敵に、雨のように銃弾をそそぐ。前田家銃隊の指揮官大河原四郎兵衛は、銃撃をうけて戦死した。長子四郎兵衛は父の遺体を抱き、わが具足の胸を叩《たた》き、城兵にむかい叫ぶ。

「儂《わし》の胸を撃て。この場にて父者《ててじゃ》の供をいたす」

飛弾はたちまち四郎兵衛の胸をつらぬいた。奥村栄顕は深手を負い、彼の部隊は全滅した。

轟々《ごうごう》と鳴りわたる銃声のなか、寄せ手は空濠の底、柵際の地面に伏せ、まったく動けなくなった。弾雨のなか、後退した侍のなかには、全身に十八カ所の擦過傷をうけ、背に負う母衣《ほろ》に四十四カ所の弾痕《だんこん》を残した者がいた。

この日、真田丸を攻撃した越前《えちぜん》太守松平忠直勢の戦死者は四百八十騎、前田利光勢の戦死者は三百騎であった。

翌十二月五日は晴天であった。寄せ手は竹把、鉄楯をそなえ、銃撃戦の損害を減らそうとした。

前田隊が真田丸を攻めようと弾雨のなか、徐々に接近すると、内部から一筋の煙があがった。前田勢のなかに、もと武田信玄の家来であった小幡景憲がいて、「あの煙は、本丸へ加勢を乞《こ》う合図である」といったので、寄せ手は一気に攻めかけたが、真田丸から撃ちだす銃砲声はすさまじく、天地も震動するかと思えるばかりで、この日の損害は五百人に及んだ。

家康は諜者《ちょうじゃ》を用い、懸命に和睦《わぼく》交渉を進めていた。開戦のまえ、家康は旗本として仕えている幸村の叔父真田信尹《のぶただ》を通じ、秀頼へ味方せず東軍に参加すれば、一万石を与えようと幸村を誘い、ことわられた。

真田丸が東軍の前に大障害として立ちはだかったいま、吝《しわ》いことはいっていられないと、家康は本多正純に書かせた矢文を、城内へ射込ませた。幸村が大坂城を出て東軍に加われば、信濃《しなの》一国五十万石を与えるという誘降状であった。だが幸村からは、何の応答もなかった。

幸村は利欲にひかれ、豊臣家にそむくつもりはなかった。淀殿《よどどの》が大野治長《はるなが》ら近臣ととももに、秀頼の出陣をさえぎるなど、愚かなふるまいをつづけているかぎり、家康に敗北し、破滅への道を辿《たど》らされることは眼に見えていた。

世渡り巧者であれば、家康から誘われたいま、豊臣家を見捨てるべきであろうと幸村には分かっている。しかし、最後まで浪人勢を率い、めざましい戦果をあげて死ぬのが、侍としてはなばなしい武者道をつらぬくことになると、思いきわめている。いまさら家康の前に膝《ひざ》を屈して生きのびるつもりはなかった。

家康は大坂城の濠の水を干あがらせるため、近江川（淀川）、大和川の流れをせきとめる作業をはじめた。

また諸国の金山、銀山から掘り子を呼び集め、惣構《そうがま》えの下に坑道を掘り、火薬を仕掛けて堅塁を爆砕する工事をはじめた。

どちらも成功の可能性はないが、城方にその情報を聞かせるだけで、戦意を挫《くじ》く効果があると見たのである。

そのうえ、十二月十四日早朝から東軍は陣中にあるかぎりの大筒を咆哮《ほうこう》させ、天満方面から大坂城本丸をめざす砲撃をおこなった。オランダから購入した四貫匁、五貫匁の巨砲を用い、城中に火柱を立て、城兵の死傷は数千に達した。

家康は城方の士気が沈滞したと見て、秀頼に和議交渉をもちかけたが、ことわられた。東軍は氷雨の降りつづくなか、濡《ぬ》れ鼠《ねずみ》になって野陣を張っているので、意気があがらない。彼らは所領七十余万石の豊臣家を滅亡させたところで、何の恩賞も貰《もら》えない。戦費は自弁させられると知っているので、命をなげうつほどの戦意がなかった。

十二月十六日、東軍陣営からふたたび大筒の一斉射撃がはじまった。オランダ渡りの巨砲が放った一弾が、淀殿の居間に命中し、柱を折った。侍女七、八人が死傷したので、緋《ひ》縅《おどし》の具足をつけ、城内諸軍を督励していた淀殿は動転した。彼女は十九日、和睦の使者としておとずれた本多正純から、惣構えと二の丸、三の丸を破却すれば和談が成立すると条件を提示された。

幸村と後藤又兵衛は、大坂方はいずれ家康に滅ぼされると見ていた。このまま戦況が膠《こう》着《ちゃく》状態になれば、籠城勢の戦力はしだいに弱り、敗北に至るにちがいない。

和睦して家康のいうままに防備を薄くすれば、滅亡の機が早まるばかりである。秀頼を奉じて野戦をおこない、縦横無尽に敵を攻め悩ます器量は、淀殿と大野治長にはない。

大坂方の前途を見通した二人は、どうせ破滅するのであれば、はやばやと死のうと決心していたので、和睦に反対しなかった。

十二月二十日、和談はととのった。惣構えの破却は東軍、二の丸、三の丸の破却は城方がおこなうことになった。

幸村はその夜、治長に会い、つぎの要請をした。

「今度の合戦にて、家康公は二つの大いなる過ちをなされてござる」

一つは十一月十五日、二条城から奈良へ十三里の道を、一日のうち急行し、護衛の人馬を疲れはてさせたことである。

その夜のうちに奈良を急襲したならば、討ちとるのはたやすいことであった。その好機を見逃したのは、治長が優柔不断であったためであると、責めた。

「家康公第二のお過ちは、いま和睦にのぞみ、茶臼山《ちゃうすやま》に旗本のわずかなることにござる。それがしが木村長門守《ながとのかみ》か毛利豊前《ぶぜん》（勝永）、後藤又兵衛、長宗我部与左衛門（盛親）の四人のうち二人と力をあわせなば、茶臼山を破り、家康の首級を取るはたやすきことと存ずる。なにとぞそれがしにお任せあれ」

だが、大野治長は幸村の企てを許さなかった。彼は家康、秀忠と和解すれば、幕府の治政のもとで、豊臣家が存続すると夢想していた。

大坂夏の陣の決戦は、元和《げんな》元年（一六一五）五月六日、七日の二日間で終わった。家康は和睦《わぼく》を交わした豊臣家が、大坂城に十五万といわれる浪人を集め、埋められた二の丸、三の丸の濠《ほり》を掘り返す作業をすすめているなど、誇大な通報を京都所司代に送らせた。諸大名、旗本にふたたび出陣の支度を命じたのは、三月二十三日である。

秀頼にはあらかじめ、「天下を平穏ならしめんがため、しばらく大坂城を出て大和郡山《こおりやま》城へ移れ。大坂城は幕府で修理のうえ、かならず秀頼母子に引き渡す」と要求していた。秀頼母子が拒絶したので、ふたたび開戦に決する名目を得たのである。

家康、秀忠の京都二条城出馬は四月二十八日であった。

本丸のみを残し、裸城となった大坂城には十万を超える浪人勢が集まっていたが、十五万の東軍が押し寄せてくると、毎夜のように脱走者が出た。

真田幸村は毛利勝永とともに、それぞれ三千人の兵を率い、五月五日に天王寺に着陣していた。後藤又兵衛は二千八百人の兵とともに四月二十八日から平野に在陣している。

幸村たちは家康父子が東軍主力を率い、国分《こくぶ》から道明寺《どうみようじ》口へくると推測していた。幸村と勝永は日没ののち平野へ出向き、又兵衛と会った。又兵衛は二人と抱きあい訣別《けつべつ》を口にした。

「みじかき縁《えにし》なりしが、あいともにはたらき兄弟よりも濃き交わりでありしよ。もはや、これにておさらばを申そう」

三人は涙をふるい、盃《さかずき》を地に投げて別れた。東軍は大坂城の東南五里のところにある道明寺村の東に隣接する国分村に野陣を敷いている。奈良街道を進み、大坂へ進撃の態勢をとっているのは水野勝成三千三百人、伊達《だて》政宗一万人、本多忠政五千人、松平忠明四千人である。五番手の松平忠輝一万二千人はまだ奈良に宿陣している。

後藤又兵衛は二千八百の兵を率い、五月六日子《ね》の刻（午前零時）、平野を出て、濃霧のなか道明寺村に到着した。真田、毛利両隊とそこで勢揃《せいぞろ》いをして、協同して敵中へ突撃する手筈《てはず》をきめていた。

だが半刻《はんとき》（一時間）ほど待っても幸村たちはあらわれない。又兵衛は夜があけ、霧がはれてきたので、やむをえず単独行動をとった。後藤隊は、奈良街道を眼下に眺める小松山という低い山に登った。後藤又兵衛はたちまち東軍と衝突する。彼は陣頭に馬を乗り出し、采配《さいはい》を振って兵を手足のように進退させたが、二万数千の東軍に三方からの猛攻をうけ、損害が続出する。

又兵衛は小松山を西へ下り、石川河原まで退き、兵を二隊に分け、兵を麦畑のなかに折り敷かせ、押し寄せる大軍を槍先《やりさき》をつらねてくいとめる。

ついに又兵衛は胸を銃弾に撃ち抜かれ、転倒した。部下が担いで退却しようとしたが、巨体を動かせない。又兵衛は従兵に土中に埋めよといいのこし、首を斬《き》らせた。

後藤隊の残兵はなおも死力をつくして戦い、東軍の水野、本多両隊が潰滅《かいめつ》するほどの打撃を与えつつ、離脱していった。

毛利勝永は三千の兵を率い、藤井寺村に到着していた。彼は濃霧に迷い、後藤又兵衛と約束した刻限に遅れ、又兵衛討死《うちじに》の報をうけると、幸村とともに敵中へ攻めいって戦死しようと覚悟した。

昼過ぎになって住吉街道羽曳野《はびきの》の方角から朱色の幟《のぼり》を五十本押したて、三千余の軍勢があらわれた。真田隊である。毛利勝永の陣所付近には、六千余人の城方が集結していた。

幸村は毛利と同様に霧で道に迷い、到着が遅れたのである。彼は大坂の軍勢が幟をたてつらねる方向に近づいてこなかった。

二万を超える東軍のほうへ、土煙をあげて馳《は》せむかってゆく。

さては東軍へ寝返ったかと勝永たちが眼《め》をこらすうち、伊達隊と激突した。真田隊は三倍余の伊達隊に地響きするほどの銃火を浴びせたのち、槍衆、騎馬侍衆を先頭に、息つぐ暇もない突撃をしかけ、伊達隊の本陣にいた政宗は、誉田《こんだ》八幡の山へ追いあげられた。

伊達の騎馬鉄砲衆八百人は、家士の二、三男からえらんだ精鋭で、銃撃によって敵を制圧しつつ、さえぎる者は馬蹄《ばてい》で踏みにじる。

真田隊は彼らの銃撃をうけたが、幸村の命令で全隊が円陣をつくり、折り敷いて四方からの銃撃に耐え、機を見て突撃をくりかえしつつ未《ひつじ》の下刻（午後三時）まで互角の対戦をつづけた。

真田隊の西村孫之進という侍は戦死せず、後年、合戦の様子を語った。真田の兵が円陣をつくり、槍を敵にむけ、攻撃を支えているとき、彼は味方の屍骸《しがい》を二体かさね、楯《たて》とした。

銃弾が二つの屍骸を貫通したが、孫之進は浅手を負ったのみであった。弾丸が屍体に命中すると、わが身に当たったようにつよく響いたという。

真田隊は烏合《うごう》の衆ながら、幸村の指揮に従い死ぬのを武士の誉れとしていた。東軍は三千の真田勢に前途を塞《ふさ》がれ、動きがとれない。家康は道明寺付近にきていたが、すさまじい銃砲声を耳にしつつ、動きをとめていた。

まもなく秀頼の使番七、八騎が、駆けつけてきた。若江、八尾口の味方が敗北して、寄せ手が大坂へ押し寄せてきたので、お城へ戻れとの下命であった。

幸村は大坂方の総勢引揚げに際し、殿《しんがり》をひきうけた。東軍は真田隊のすさまじい戦いぶりに恐れをなし、追撃しなかった。

幸村は東軍にむかい、大音声で罵《ののし》った。

「関東勢百万も候えども、男は一人にてもなきか」

男は一度光ればいい

五月七日朝、幸村《ゆきむら》は茶臼山《ちゃうすやま》に布陣していた。前日、道明寺、八尾、若江の合戦で後藤又兵衛、木村重成、長宗我部盛親の部隊が潰滅《かいめつ》し、大打撃をうけた城方は、五万余の全軍で三倍の東軍に必死の決戦を挑み、家康の首級をあげるまで突撃につぐ突撃をかさねる作戦をたてた。

幸村は前日の合戦で股《もも》に槍疵《やりきず》をうけた子息大助が、ともに死なせてほしいと頼むのを叱《しか》りつけ、本丸へ帰らせ、午《うま》の刻（正午）頃からはじまる総攻撃に秀頼の出馬を願わせた。

天王寺口から西方の岡山口にかけ、密生した薄《すすき》のように旗差物《はたさしもの》がつらなり、土煙が湧《わ》きあがっている。

最後の死闘をくりひろげようとする城方の諸軍は総大将秀頼が、秀吉相伝の切裂《きりさき》二十本、茜《あかね》の吹貫《ふきぬき》十本、玳瑁《たいまい》の千本槍を戦場に押したて出陣すれば、奮起して死中に活を得るはたらきを見せるかも知れない。

幸村は秀頼が淀殿《よどどの》に押しとどめられ、陣頭に姿をあらわすまいと読んでいたとも考えられる。それではなぜ大助を本丸へ戻したのか。十六歳のわが子に、できるだけ生きのびる機会を与えてやりたかったのだ。

東軍は天王寺口から北へ押し寄せてゆく。越前《えちぜん》少将松平忠直隊の斥候が小さな丘に登ると、茶臼山が間近に見えた。山頂に紅色の旗、馬標《うまじるし》がすきまもなく立ちならび、つつじの花盛りのようであった。

斥候の登った丘と茶臼山との距離は九町（約九百メートル）ほどであったが、真田隊の威力を知っている斥候は怯《おび》えて、彼らがわずか一町ほど前にいるように見た。

西軍の毛利勝永隊四千余人が、本多忠朝、武田信吉ら東軍諸隊へ喊声《かんせい》をあげて斬《き》りこんだ。毛利隊につづき城方の浅井長房、竹田永翁らの部隊が、狂気のように弾雨のなかを突撃する。

大野治長《はるなが》隊も駆けつけてきて、東軍と天王寺付近で激突した。

幸村は銃砲声、法螺《ほら》貝の音、喊声の耳をつんざくなか、茶臼山で自隊と城方の大谷義久、渡辺糺《ただす》、伊木遠雄《とおかつ》らの兵をあわせ、一万の同勢で出撃の機をうかがっていた。

毛利勝永、大野治房、大野道犬ら城方の大兵一万五千が、岡山口の徳川秀忠本陣の、金の扇子の大馬標めがけ、地響きたてて突っこんでゆく。本陣旗本勢は前田隊とともに敵の猛攻をくいとめようとしたが、後方で激しい銃声がおこると、味方の謀反という叫び声が走り、彼らはわれがちに逃げ走った。

東軍は大混乱に陥り、たがいに銃撃する同士討ちをはじめた。幸村は采配《さいはい》を振った。

「かかれ、かかれ。越前勢を追い払い、家康旗本へ仕掛けよ」

幸村は秀頼から賜った金の桐《きり》大紋のついた緋縮緬《ひぢりめん》羽織を具足のうえにかけていた。

越前隊一万三千は、茶臼山へ殺到してきた。幸村は鉄砲足軽衆に命じた。

「雑兵は撃つな。馬乗りばかりを撃て」

家康は越前勢につづき、二万の旗本勢を率いていたが、合戦はたやすく勝つと見て、甲冑《かっちゅう》をつけず、白小袖《しろこそで》をつけ、駕籠《かご》に乗っていた。肥満して長時間馬上にいられないためである。

真田隊は損害をかえりみず猛進して、ついに越前勢を突き崩した。家康本陣旗本勢二万は烏合《うごう》の衆であった。彼らは戦闘に参加せず、本陣を防衛するのみであると思っていたので、うろたえ、真田隊が斬りこんでくると家康を護《まも》るどころかわれがちに逃げた。『イエズス会士日本通信』によれば、幸村の猛攻をうけた家康の旗本たちは、歴々の人物に至るまですべて逃げた。

平野、久宝寺辺りまで逃げたというが、平野は戦場から約五キロ、久宝寺は約八キロ離れている。

家康は眼前に突撃してきた真田勢を見てうろたえ、二度まで腹を切ろうとして、付き添う金地院崇伝《こんじいんすうでん》らに押しとどめられるていたらくであった。

家康はやむなく馬に乗り、三十町ほど逃げて玉造の谷間に隠れ、幸村の追跡をかろうじてふりきった。家康が肥えた体で馬の背によじのぼるとき、彼を護る騎馬武者は小栗忠次ただ一人であったのを、御槍《おやり》奉行として踏みとどまっていた大久保彦左衛門が見ていた。

前歯の欠けた幸村は、返り血に全身を染め、彼とともに死に場所を求める士卒とともに、悪鬼のように荒れ狂う。大野兄弟、織田頼長ら城方の諸隊は城中へ引き返し、援兵もこなかった。

幸村は家康本陣勢を蹴散《けち》らし、日没に近い頃、安居天神に近い田圃《たんぼ》の畦《あぜ》に腰を下ろしているとき、越前隊の部将西尾仁左衛門に挑まれた。幸村は体にいくつかの疵を負い、身動きもできないほど力をつかいはたしていたので、斬りあうこともなく西尾に首を授けた。

戦闘のあいだ、幸村の影武者が二人いた。その一人は天王寺万代池の畔《ほとり》で、突然太刀先をくわえ、馬上から泥中へまっさかさまに身を投げた。

幸村の変幻自在の行動は、後世までの語りぐさになった。茶臼山から出撃して、家康の姿を探し求め、戦場を縦横に駆けめぐり、天王寺口で最期を遂げたのである。

家康は幸村の首実検をしたあと、彼を討ちとった西尾仁左衛門を呼び、幸村の最期の様子を聞いた。

西尾は幸村と槍で死力をつくして突きあい、ついに討ちとめたと、偽りを口にした。家康は聞くうちにしだいに不快を顔にあらわしていった。

「あい分かった。退《さが》れ」

西尾が退出すると、家康は吐きすてるようにいった。

「左衛門佐《さえもんのすけ》（幸村）ほどの者が、西尾ごときと渡りあうはずもなし。疲れて動けぬまま首を授けしだわ。西尾めは、言葉を飾りおった」

真田昌幸《まさゆき》、幸村二代の戦歴をひと通り記したのは、父子の生涯がそのまま日本一の武士といわれるほどの、侍魂につらぬかれていたからである。

武士道の真髄を知ろうと思えば、彼らの行跡をたずねればいい。

「男は一度光りゃいい」という言葉がある。生涯に一度、光彩を放つはたらきをすれば、満足すべき生きかたであるというのである。生きているあいだに、めざましいはたらきをせず「沈香《じんこう》も焚《た》かず屁《へ》もひらず」という諺《ことわざ》の通り凡々として消えてゆくのを嫌う武士たちは、光るべき機会を得るために、命を捨てることをいとわなかったのである。

真田昌幸と幸村は、北条、徳川と戦って勝利を得た戦歴を日本全国の侍たちに知られていた。昌幸の父、幸隆《ゆきたか》は調略の名人として、信玄に重用されている。

真田家には独特の戦法が伝えられていたにちがいない。同じ程度の武器を持つ軍勢が戦えば、人数の多いほうが勝つに決まっている。どれほど巧みに地形の利用をおこなっても、いったんは勝っても、五倍も六倍も兵数にまさる敵に包囲されると、しだいに戦力を消耗してゆき、内部から崩壊していく。

だが昌幸父子は兵を完全に掌握していた。兵の信頼を一身に集めるだけの知恵と勇気をそなえていたのである。甲斐《かい》の乱破《らっぱ》といわれる忍者集団がいる。そんな情報機関の働きをもおおいに活用し、敵味方双方への心理作戦をおこなわなければ、完璧《かんぺき》な指揮はできない。

昌幸と幸村は、いかなる大敵にむかってもたじろがない、合戦の名人であった。幸村の兄信之が関ヶ原合戦で東軍につき、戦後九万五千石の大名になり、真田家の名跡が残ったことも、昌幸父子の計画通りであった。

昌幸は九度山へ流罪になったのち、遠からず上田に戻れるものと予想していたようである。幸村とともに故郷で隠居できればそのうえの望みはない。

昌幸は十年余の長い歳月を九度山で送り、窮迫の暮らしのうちに生涯を終えた。

「おのれ家康め、われらをこの山里で干殺しにいたすつもりであったか。おぬしも儂《わし》のあとを追うことになるであろうが、万にひとつの好機ありて、徳川、豊臣の間に風波おこらば、そのときこそは家康に一泡吹かせてやらねばなるまいぞ」

幸村にこのような遺言をしなかったとはいえまい。

幸村が世に稀《まれ》な戦争のプロであったことは、大坂冬、夏の陣の指揮ぶりによってあきらかである。

ことに夏の陣は、わずかに二日間で西軍が潰滅《かいめつ》したが、幸村と縁の薄い浪人部隊は、彼の手足となって、最後まで家康の心胆を寒からしめるような激闘をくりかえし、命を惜しまなかった。

それは、幸村とともに戦い、命を終えたいと思っていたからである。寝刃《ねたば》をあわせた日本刀の切れ味は、魔物がのりうつったかと思えるほどどするどい。刀の閃《ひらめ》きのなかへ彼らが身を挺《てい》したのは、幸村の資質が島津家久のいう通り「日本一の兵」、すなわち武士道をつらぬく侍の典型であったためである。

ただものではなかった！「大崎玄蕃允働きの覚え」

徳川御三家のひとつ紀州藩の表高《おもてだか》は五十五万五千石である。幕府の直轄領である天領で、治山治水の普請がおこなわれるとき、諸大名に命じる負担は、この表高によって定める。裏高はどれほどあったかあきらかではないが、表高より多く、これによって台所向きのやりくりをしていたといわれる。本音と建前が財政面まで及んでいたのは、現代と同様である。

嘉永《かえい》年間の紀州藩士一万三千人の分限帳《ぶげんちょう》を見たことがあるが、武士の家禄《かろく》に対する認識が一変してしまった。

ほとんどが十石以下である。三十石が出てくると、なんとなく大身のような気がする。百石はあきらかに威圧を感じる数字で、三百石、五百石は、堂々たる上士である。千石になれば、もはや貴族のようなものである。そのうえの禄高であれば、他の藩士とは人種がちがうといった印象をうける。

大坂夏の陣が終わって四年めの冬、将軍の上意により紀州家へ八千百三十石で召し抱えられた、大崎玄蕃允長行《げんばのじょう》という侍がいた。

『南紀徳川史』に記された彼の来歴を読めば、戦国武士とはどういうものであったのかということが、よく納得できる。

大崎玄蕃允は尾張で生まれた。

はじめは豊臣秀吉に仕え、しばしば戦功があったが、その後、秀吉の忌諱《きい》にふれることがあり浪人して、従弟の山城国淀《よど》十八万石の領主木村常陸介《ひたちのすけ》を頼った。

常陸介が文禄《ぶんろく》四年（一五九五）七月、豊臣秀次事件に連座して自殺したあと、福島正則に召し抱えられた。

正則が没落すると、将軍家は玄蕃允とともに村上彦右衛門、真鍋五郎右衛門という大剛の士を紀州家に仕えさせた。元和《げんな》五年（一六一九）冬であった。

玄蕃允は福島家で備後《びんご》鞆《とも》の城主として、八千三百石を与えられていたので、紀州家侍大将として、ほぼおなじ禄高を受けることとなった。

彼はなぜか安芸《あき》から紀州へくる路銀にこと欠き、十二月大晦日《おおみそか》に若山城下に着いたときは旅籠《はたご》賃もなく、小屋で寝た。

紀州家家老安藤帯刀《たてわき》の屋敷をたずねたのは、元和六年（一六二〇）元旦であった。月代《さかやき》をあたり、身なりをととのえているが、体は垢《あか》にまみれ、異臭を放っていた。若山に先着した村上、真鍋の二人は、浪人であるが、供回りの者にも美々《びび》しく行装をととのえさせていた。

「大崎玄蕃允働きの覚え」という履歴書には、およそつぎのような来歴が述べられていた。

一、生国《しょうごく》は尾張国で、父は木村小隼人《こはいと》の弟大崎与兵衛である。父とは幼時に生き別れ、十五歳で秀吉に仕えた。

その頃、秀吉は近江《おうみ》長浜城主で、十二万石の家中を充実させるため諸国から侍を募り、召し抱えていた。

玄蕃允は、秀吉が尾張出身の侍であれば、身元保証人がなくても採用しているとの噂《うわさ》を聞き、かねて交誼《こうぎ》のあった竹中半兵衛に頼み、秀吉の家来となった。

一、中国征伐のとき、備中《びっちゅう》高倉で毛利勢と秀吉先手衆《せんてしゅう》が乱戦となった。秀吉の旗本であった玄蕃允は、敵中に駆けいりめざましくはたらき、日暮れまえに首級ひとつを得た。

一、信長公が紀州雑賀《さいが》を攻めたとき、竹中半兵衛と同行し、小雑賀《こさいが》川のがきが瀬というところを渡り、先陣をつとめた。玄蕃允は二十歳で、藤蔵と名乗っていた。

一、播州神吉城攻《ばんしゅうかんき》めのとき、山崎合戦のとき、それぞれ首級ひとつを得た。
一、天正十一年（一五八三）四月、秀吉が岐阜《ぎふ》へ兵を出したとき首級ひとつ、同年八月、伊勢《いせ》へ攻めいったとき、諸所に火を放ち、首級三つを得た。
一、尾張小牧山で秀吉が徳川家康、織田信雄と戦った際、信雄の侍大将小森源七郎という者を討ちとった。
一、小田原攻めのとき、伊豆《いず》山中城を攻撃した。城方が雨のように鉄砲を放ち、たちまち味方の兵五、六十人が折りかさなって倒れたが、玄蕃允は塀裏にとりついて、ついに一番乗りをした。
一、高麗《こうらい》陣のとき、従弟木村常陸介の軍勢に従い高麗へ渡海した。戦場に着いてみると、おりから明軍《みんぐん》十万人が攻め寄せ、日本の諸勢は必死に渡りあっていた。
明軍は体格のいい江南の兵で、朱の毛織物で裏打ちした目のこまかい鎖の鎧《よろい》で全身を覆っており、片手に分銅のついた鎖をふりまわし、日本兵の体のどこかに巻きつけると剛力で引き寄せ、大鎌《おおがま》で首を掻《か》き切る。

木村常陸介は先手に出て死闘をくりかえした。先手には豪傑といわれる侍が六人いて、玄蕃允もそのひとりであった。

玄蕃允たち先手の豪傑は、本陣で突撃を命じる法螺《ほら》貝が鳴りわたるのを聞いたが、眼《め》と眼を見あわせるだけで、ためらった。

体力が尽きかけており、山野を埋めて怒濤《どとう》のように迫ってくる明軍のなかへ斬《き》りこむのは、自殺にひとしいと思ったからである。

明軍から飛んできた火矢が、乗馬の肌をかすめ、竿立《さおだ》ちになろうとするのを鎮めながら、玄蕃允は一の手に布陣していた長谷川勝五郎の軍勢が、崩れかけるのを見た。

彼は五人の朋輩《ほうばい》にむかっていった。「勝五郎人数を見殺しにいたさば、われら男はなるまじくござれば、これより討死《うちじに》いたす」。一の手に助力しなければ、男の面目が立たないと思った玄蕃允は、郎党四、五十人とともに敵中へ馬を躍らせた。

彼は槍《やり》をふるい明兵を突き立て、殴りつけ、槍が折れると大太刀を抜き、馬を倒されても退かず、太刀の刃が鋸《のこぎり》のように欠けても、死力をつくしてあばれまわった。

玄蕃允は敵の矢を鼻のまんなかに受け、倒れた。矢はふかく刺さり、抜くこともできず、彼は意識を失い息絶えたかのように見えた。郎党たちは玄蕃允を陣小屋へ担ぎこむと、懸命に介抱をした。

十日ほどたつうちに、玄蕃允は奇跡のように意識をとりもどし、ようやく鏃《やじり》を抜くことができた。玄蕃允の勇名は、高麗陣の全軍に聞こえた。
一、関白秀次が高野山で切腹したとき、木村常陸介は殉死した。玄蕃允はその子采女《うねめ》を養子として、福島正則に知行三千石で仕えさせた。

玄蕃允の戦歴は、長年月にわたっている。

幾多の合戦であげた冑首《かぶとくび》の数がすくないように見えるのを、安藤帯刀は気にいっていた。一度の合戦で多くの首級を得たというのは、法螺話のたぐいか、郎党たちの助力があってのことであると、戦場往来をかさねた安藤帯刀は知っていた。

敵味方も見わけにくい、蕨桶《わらびおけ》をかきまわすように刀槍《とうそう》が入り乱れる戦場で、めざす相手と渡りあい、首級を取る余裕を失わないのは、ただものではなかった。

武士の器量――家康の脳中に刻みこまれた玄蕃允の名

帯刀《たてわき》は豪胆不屈の三河侍である。彼は元和《げんな》五年(一六一九)、将軍秀忠から命ぜられて、家康十男頼宣の付《つけ》家老となるまえは、幕府老中をつとめていた。付家老というのは、将軍の名代《みようだい》としての権限を与えられており、家来を手討ちにするのを物とも思わない頼宣も、彼の意見に従わないわけにはゆかない。

帯刀は、玄蕃允《げんばのじょう》が広島からいかなる行装であらわれるかと、興味を抱いていた。彼は口数が多く派手ないでたちを好む者に、大勇の士といわれるほどの侍がいないことを知っていたのである。

将軍家が玄蕃允を紀州家へ奉公させようと推薦したのは、彼の武将としての能力を認めているためであろうが、考えようでは紀伊《きい》太守徳川頼宣の行動を看視させるためかも知れない。

玄蕃允の履歴については、充分に調査していた。

関ヶ原合戦がおこるまえ、福島正則が会津征伐に従軍したのち、玄蕃允は尾張清洲《きよす》城の留守居役をつとめていた。

やがて石田三成が挙兵し、大兵を率い大垣城を占領した。三成は清洲城へ使者をつかわし、城を受けとりたいと申しいれてきた。

正則の舅《しゅうと》津田備中守《びっちゅうのかみ》は、三成の願いをうけいれようとした。正則が北政所《きたのまんどころ》の甥《おい》で、豊臣一族であるため、内心では大坂方に加担するつもりであろうと判断したためである。

備中守は大坂に妻子を人質として置いているので、正則を西軍に味方させたかった。

玄蕃允は激怒した。

「殿がご自筆の証文もなきままに、いかにして城へ大坂方を引き入れられましょうや。大軍をさしむけられしときは、城を枕に戦って死ぬまでのこと。命あるあいだは、誰がこようとも城はあけ渡し申しませぬぞ」

玄蕃允は三成の使者を追い返し、尾張の諸方から新米、古米六万石を買い集め、城郭の備えをかため、戦支度にとりかかった。

徳川家康は会津征伐の軍勢を率い、関東小山に在陣していたが、三成が西国諸大名と語らい、秀頼を奉じ家康追討の兵をあげたとの報をうけると、参陣している福島正則にたずねた。

「そのほう清洲の留守居に、いかなる者を置きしかや」

「舅の津田備中と、大崎玄蕃允にござりまする」

「その者どもが三成にたぶらかされ脅されて、清洲を取られては味方の大事となろうだわ」

家康はすでに伏見城を西軍に乗っ取られたことを知っていた。

総大将は毛利輝元で、西軍の兵力はかねての予想をはるかに超えており、家康の東西決戦に勝つ自信はゆらぎはじめていた。清洲城に西軍が入れば、大坂へ攻め寄せるどころか、尾張を攻め取ることさえむずかしくなる。

家康と正則が不安の語らいを交わしているところへ、大崎玄蕃允の書状が到着した。

「三成の使いが清洲の城を明け渡すべしと申しきたれども、われらは追い返し、兵粮《ひょうろう》、矢玉の支度をなして、大坂方を待ちうけるため、護《まも》りを固めおりまする」

書状を見た家康の脳中に、玄蕃允の名が刻みこまれた。

「玄蕃允はかねがね名高き剛の者だわ。そのほうはよき家来を持ちしものだで」

後年、福島正則が藩政不行届きの廉《かど》により改易を命ぜられた。玄蕃允は鞆《とも》の城主であったが、配下の松田下総守《しもうさのかみ》という侍が、鞆城にたてこもり、幕府の軍勢を迎えうって一戦し、討死《うちじに》を遂げて名をあげようと考えた。

彼は玄蕃允にすすめた。

「御辺《ごへん》は広島へたてこもり召されよ。上使は十万の兵を率いて参るとて、三原、西条の城主も広島へ参られるとのこと。この城にはそれがしが在番いたし、一戦つかまつって上使に眼《め》にもの見せてやるべしと存ずる」

玄蕃允はいう。

「この城は主君正則よりそれがしへお預けなされたものなれば、御意《ぎょい》によらずして開城はあいならぬ」

上使が西下してくるまえに、松田は駆けまわって籠城《ろうじょう》支度をはじめた。

玄蕃允は具足を身近に置いただけで柱にもたれ、眼をとじたままであった。

城中の侍たちは、その様子を見て玄蕃允をなじった。

「松田殿は合戦支度に駆けまわっておらるるが、貴殿は何とてすくみおらるるか。いまになって臆病風に吹かれなされしか」

玄蕃允は答えた。

「松田は気のつよき者なれば、籠城いたすであろうが、儂《わし》にはまた異なる分別があるけえ、何事もいたさぬだわ」

侍たちは問う。

「ならば、ご分別をお聞かせ願いたきものでござる」

玄蕃允は答えた。

「将軍に楯《たて》つき、日本国中の大軍と戦わば、いかなる名城にたてこもり、いかに秘策をこらし戦うとも勝てるはずもなし。無用の籠城にて、咎《とが》もなき侍どもを死なすよりも、動かぬのが上策だで」

侍たちはいきりたっている全身に水を浴びせられたような思いがした。玄蕃允は言葉をつづける。

「上使が着到《ちゃくとう》いたさば、それがしは大崎玄蕃允と申す者にて、この城をお渡ししつかまつる。それがし一人が切腹つかまつるゆえ、士卒男女はことごとく助命下されたしと申し、腹を切る。この分別あるからには、籠城など無用でや」

松田らは、玄蕃允の分別に従わざるをえず、鞆城は平穏のうちに上使へ引き渡された。

このような玄蕃允の器量が、幕府に聞こえていたのである。

「真言を唱うれば、後向きにても勝てる」

安藤帯刀《たてわき》の屋敷で湯風呂をつかい旅塵《りょじん》をおとした玄蕃允《げんばのじょう》は、直垂《ひたたれ》を身につけ城内二の丸御殿へおもむく。

大広間には安藤帯刀以下、老職重臣が集まっていた。玄蕃允より先に、村上彦右衛門、真鍋五郎右衛門が着座していた。

帯刀は、将軍家上意により、紀州藩へ新規召抱えになった三人に、これまでの武功につきできるだけくわしく聞きとりたいと告げた。のちほど主君頼宣に告げるためであるという。

はじめに真鍋五郎右衛門、ついで村上彦右衛門が、いずれも十四歳の初陣のときからの陣場《じんば》稼《かせ》ぎにつき、くわしく語った。

最後に玄蕃允が低いが力づよい声音《こわね》で語った。

「それがしははじめ与八郎と申し、槍《やり》一本の身の軽き者にてござった」

槍衆と呼ばれる足軽であったというのである。

「合戦の場数を踏むにつれ段々に名を知られ申した。木村常陸《ひたち》がもとでは鬼玄蕃と人にも呼ばれ、正則方にては一手の大将をつとめ、鞆《とも》の城を預かってござる。若き時分より鈍にもなかりしと思《おぼ》し召せ」

帯刀は玄蕃允の口数すくなく、飾りけのない応答が気にいった。

古つわもの同士でなければ通じない、いさぎよい気魄《きはく》を感じとったからである。

帯刀は対面の結果、真鍋、村上を侍大将、玄蕃允を陣場奉行とした。玄蕃允は城代屋敷町に住居を与えられた。

五日がたった。玄蕃允は城内二の丸御殿に伺候《しこう》した。評定《ひょうじょう》の間の広縁に藩主頼宣が重臣を従え、円座に腰をおろし、内庭の砂場ではじまった武芸稽古《けいこ》を見物する。

頼宣は酒杯をかたむけつつ、家中の士のさまざまな立ちあいを楽しむうち、傍《そば》にひかえる玄蕃允に声をかけた。

「そのほうも剣術の手並みを見せよ」

玄蕃允は、意外な返答をした。

「恐れながら私は、剣術をわきまえておりませぬ」

頼宣はふしぎそうな顔をした。

「そのほうは武功の名誉をかさねし大剛の者なれば、剣術を知らぬとは不審だわなん。偽りを申すな」

玄蕃允は平伏する。

「恐れながら、まことにござりまする」

頼宣は不興の色をあらわした。

「多年戦場往来いたし、ことに五体自由ならざるほどに疵《きず》をうけ、功名数多き者が、なにゆえにさようの返答をいたすかや」

玄蕃允は、ひれ伏したままで答えた。

「恐れながら私は十四歳より陣場に出て、剣術を習う暇とてなきままに、敵にむかい死力をつくして戦ううち、自然に切れ味を覚えしのみにござりまする。

それゆえ、真剣にての勝負を仰せつけ下さらば、随分にはたらきまする。木太刀、しないの稽古道具は手にとりしこともなく、まったく不調法にござりまする」

安藤帯刀には、玄蕃允のいうところがよく分かった。

帯刀も幼い頃から剣術をろくに習ったことがなかった。合戦で勝敗を決するのは、太刀打ちの技ではなく、気魄であると思っている。そのようなことを口にしないのは、当世風ではないと思っているからであった。

木太刀、しないをとっての名手が、真剣勝負の場に出ると気力が萎《な》え、ふだんの力倆《りきりょう》の十分の一も出せなくなることを、帯刀は知っている。

全身の古疵で、身ごなしも不自由な玄蕃允を、木太刀、しないを用いての小手先の技を遣う侍たちと立ちあわせ、敗北を喫するさまを、帯刀は見たくなかった。

頼宣は気にいらぬふるまいをした小姓を手討ちにすることを、ためらわない荒々しい気性である。

「おもしろきことを申すではないか。陣場にて斬《き》り覚えの技を是非にも見たきものだで」

「さすれば無益の殺生をいたすこととなりまするが」

「よからあず。立ちあいては、陣場に身を置くと心得よ」

それまで口をつぐんでいた帯刀が、頼宣をたしなめた。

「殿、さようの儀はあいならずと存じまする。家来を試合などにていたずらに疵を負わせ命を失わするは、良将のなすべきことにはあらず。真剣にての勝負はおつつしみなされよ」

狂暴のふるまいをしばしばあらわす頼宣を、お付家《つけ》老とはいえつよい調子で諫言《かんげん》するのは、戦場で命知らずといわれた帯刀でなければできないことであった。

だが頼宣は思いとどまらなかった。

「ならば木太刀を遣えばよいのだわ。木太刀を本身《ほんみ》の刀と見立てよ」

帯刀は声をはげましていう。

「玄蕃允は六十の坂を過ぎ、合戦にて受けし古疵にて、身動きもままならず、試合をいたすは無理にござります」

帯刀は自分と同様に侍の稼ぎをかさねてきた古豪を、当世のこざかしい技を遣う兵法者と立ちあわせたくはない。

頼宣が沈黙したとき、玄蕃允が言上した。

「恐れながら、木太刀にての試合をつかまつりまする」

頼宣と帯刀の応酬を聞きもらすまいと静まりかえっていた、侍臣たちのあいだにざわめきが湧《わ》いた。頼宣がうなずく。

「うむ、技前《わざまえ》のほど見せてくれい」

玄蕃允はこともなげに、おどろくべきことを口にした。

「陣場にては、一人を相手の立ちあいはなきゆえ、相手は八人を仰せつけられませ」

玄蕃允は右肩、右膝《ひざ》、左腰に刀槍《とうそう》の古疵があり、足をひきずって歩く。

だが、まだ体力が衰えたとは思っていない。壮年の頃より肉付きが落ちてはいなかった。暇があれば庭先で刀槍をふるい、体を動かしていた。

戦場で敵を寄せつけない武辺者《ぶへんもの》のうちには、七十歳、八十歳の高齢の侍がいた。彼らは年若い敵が力に任せ、槍をふるい太刀を打ちこんでくると、瞬時に返し技で応じ、力をわずかに使うだけで相手を倒した。

彼らは猛禽《もうきん》のように周囲の動きを絶えず見とどけながら、四方から仕懸《しか》けてくる敵に逆襲をしかける。生死のはざまに身を置き、活路をひらいてきた体験が、うしろにも眼《め》があるようなはたらきを可能にする。

新陰流二世柳生《やぎゅう》石舟斎は晩年にいった。

「真言《しんごん》を唱うれば、後向きにても勝てる」

玄蕃允も、その境地に達していたのである。彼は帯刀が自分を庇《かば》ってくれる心配りがうれしかったが、怪我《けが》で身動きもままならぬため、当世の兵法者に劣るはたらきしかできないと見られるのは、侍の意地にかけても我慢できないことであった。

玄蕃允は、木太刀よりも真剣のほうが遣い慣れているが、やむをえない。複数の敵にとりかこまれて闘うことに慣れた彼は、一人の敵を相手にするよりも、八人のなかへ飛びこみ前後左右に斬りたてるほうが有利であると判断したのである。

頼宣は大勢の兵法者を召し抱えている。八人の兵法者がえらびだされ、庭前にあらわれた。玄蕃允は肩幅がひろく、筋骨たくましいが、背丈は五尺四寸である。兵法者のうちには六尺を超える巨漢もいて、足をひきずる白髪の玄蕃允を見ると、拍子抜けしたような顔つきになった。

帯刀は、玄蕃允がいかに戦場往来をかさねていても、これでは勝ちめはないと眼をつむり、暗澹《あんたん》とした気分になった。

玄蕃允は足袋はだしで庭に下りる。襷《たすき》をかけず、袴《はかま》の股立《ももだ》ちをとるわけでもない。小姓がひと抱えの木太刀を持ってくると、三尺の枇杷《びわ》木太刀をとった。枇杷は手にとると、重みが感じられないほど軽く、材質に粘りがあり、打たれると肉が腐るといわれている。

玄蕃允は木太刀を左手に提げ、頼宣に一礼したのち、八人と向かいあった。

玄蕃允は木太刀を八双にとり、ふだんのように足をひきずって前へ出てゆく。新当流の遣い手が、はげしい気合とともに、玄蕃允の右肩へ打ちこんだ。

玄蕃允は相手の脇をすり抜け、前へ出た。初太刀をつけようとした剣士は、はげしく地面に体を叩《たた》きつけ、起きあがろうとするが、高股《たかもも》に打撃をうけたのか、もがいても起きあがれない。

帯刀は眼をみはった。

——やりおるだわ——

玄蕃允は足をひきずりながら走りだし、前に立つ一人に襲いかかった。野獣のような叫び声をあげ、左右袈裟《けさ》斬りから斜め上へ斬りあげる単純な動作をくりかえすだけであるが、敵が防げない方向から眼にもとまらない早技で打ちこむ。

二人めの剣士も足を斬りあげられ転倒した。残った六人は、前後から一斉に打ちかかった。ぐずついていてはやられると判断したからである。

入り乱れると、玄蕃允の動作は変幻自在であった。彼と向きあう者は、もつれあうと見る間に激しい打撃をうけ、倒れた。

小半刻《こはんとき》（三十分）もたたないうちに、玄蕃允の相手は一人になり、追いつめられると木太刀を投げだし、平伏した。

「恐れいってござりまする」

頼宣は玄蕃允を招き、嘆賞してやまなかった。

「斬り覚えの手の内とは、かほどのものであったかや。さぞ疲れたであろう」

玄蕃允は答えた。

「陣場の斬りあいは、およそ半日ほどもつづくものにてござりまする」

玄蕃允は木太刀を手にしたとき、生死をかえりみることを忘れていた。前後左右から襲いかかる敵と自分の位を測り、攻めをはずし打ちこむ機をうかがうことに心を傾け、自分が動いていることさえ忘れていた。

必死の勝負にのぞむとき、わが動作は無意識のうちに湧き出てくる。攻めてくる敵にもつれこんでゆき、飛んでくる太刀をはずすと同時に眼前を過ぎようとする隙《すき》をめがけて打ちこむ。

乱戦になってくると、気合をかける余裕もなくなる。無言で矢のように飛び去ろうとする隙をとらえ、猛虎のように体をうねらせ木太刀を打つ。

玄蕃允の手首のひねりを充分にきかせた打撃は、皮肉を裂き、骨を砕いた。彼は八人に勝ったとき、何事もなかったように佇《たたず》んでいたが、攻防の急所をひとつとして外さなかった満足の思いが、胸中に満ちていた。

ふつうの人間が考えれば、歩くにも足をひきずらねばならない老いた玄蕃允のはたらきは、ありえないことであるが、それは、『南紀徳川史』に記された史実で、子孫はいまも和歌山市に住んでおられる。

彼は不自由の身で、おそらくはひとり稽古を毎日熱心にくりかえしていたのにちがいない。戦場で斬り覚えに太刀遣いを身につけてきた彼は、さまざまなあたらしい技を日ごとに編みだしていったのだ。

武芸者は非常に高度な段階に達すると、視野が無限といっていいほどひらけてくるものだといわれる。先年九十五歳で亡くなられた大東流合気柔術総範佐川幸義氏は、不世出の合気の名人であったが、世を去られる前日まで道場に立ち、ひとり稽古で頭に浮かんだあたらしい技をつぎつぎと遣い、高弟方を宙に舞わせていた。

玄蕃允は、自らの技を信じ、死の恐怖を克服して試合にのぞんだ。もし、やり損じたときはそれまでだと思いきわめていたのである。真の武芸者は寡黙で人前にわが手練を誇ることをしない。世上に武名が高くなれば、技がふしぎにすたるので、人づきあいもきわめてすくない。

平穏な幸せに生きているわれわれにははかり知れない気力をそなえていた玄蕃允は、大名になろうという野望も持たず、己の分をわきまえた欲のない侍であったようである。

彼は年老い、不自由の身で誇りを失わないために命を賭《か》け、武勇と廉恥をつらぬき、武士道に恥じない選択をしたのである。彼の経歴を見ると、口舌によって武士道を論じるのが空虚に思えてくる。

平時における武士道のあり方

江戸時代になると侍が戦場で武功をあらわす機会はなくなったが、武士道はすたれていなかった。侍が武士道の意地をつらぬいたという点で、そのいさぎよさが後世に伝えられているのは、大石内蔵助《くらのすけ》のもとに集まり、主君浅野内匠頭《たくみのかみ》の仇《あだ》を報じた四十七士である。

内匠頭は播州赤穂《ばんしゅうあこう》五万三千石の領主で、江戸城に来訪する勅使の接待役を幕府から命じられた。勅使である公卿《くぎょう》の接待には、武家の知らない典礼が必要である。その礼式の教示役として、高家《こうけ》という特別の身分の武士がいた。

彼らは室町幕府以来の高官の家に生まれ、先祖には公卿の血もまじっている。高家のひとりに吉良上野介《きらこうずけのすけ》という人物がいた。三河吉良四千二百石の領主であるが、室町期に守護職（地方長官）をつとめた家柄で、典礼にくわしい。浅野内匠頭は赤穂藩主になって間もない頃、江戸城で勅使接待役をつとめ、吉良上野介の指導をうけたことがあった。

そのときは主な接待役の介添えのような役をつとめたので、何も問題はおこらなかった。上野介が礼式を教えるについて、相手の大名から手厚い心づけをうけると、懇切丁寧な扱いをすることが知れわたっていたので、浅野家家老も礼をつくした。

それから歳月がたって、内匠頭は勅使接待役を命ぜられた。このとき家老が上野介に心づけを渡したが、その額がすくなかったため、上野介がさまざまな嫌がらせをした。

このような内状は、おそらく事実であったのだろう。

内匠頭は勅使接待を終えたあと、江戸城中松の廊下で行きあった上野介に脇差《わきざし》で斬《き》りつけ、額に軽傷を負わせた。

江戸城中で刃傷沙汰《にんじょうざた》をおこした内匠頭は、そのような事件をおこせば家臣が路頭に迷うことになるのも忘れ、一時の激情に身を任せた愚か者である。

この事件についての幕府の裁断も一方的であった。内匠頭はろくに取調べもされず、その日のうちに切腹を命ぜられた。

家老大石内蔵助は主君死後の赤穂藩を無事に幕府へあけ渡し、藩士それぞれに今後の生活がなりたつように資金を与え、商人たちからの買掛金の整理をした。

内蔵助は赤穂藩の筆頭家老をつとめ、千五百石の家禄《かろく》をうけてきた。通称は「昼行灯《ひるあんどん》」。茫洋《ぼうよう》としてなすこともなく、家老の座にいる男だと藩士たちは思っていた。

赤穂藩は製塩業をさかんにおこない、財政にめぐまれている。内蔵助の妻は但馬出石《たじまいずし》藩の家老の娘で、賢夫人として知られ、夫とのあいだに六人の子をもうけていた。内蔵助は粋人で、遊里に足をはこぶこともしばしばであったといわれる。

だが浅野断絶に際し、血気にはやる若侍たちの妄動をおさえ、赤穂城を幕府にあけ渡すまでの一糸乱れぬ采配《さいはい》の冴《さ》えは、衆目をおどろかせた。

表向きが昼行灯の内蔵助の才腕を知っている、他の大名家から再仕官を誘う声は多かった。土佐、肥前、肥後、筑後《ちくご》、備前の五つの藩から誘われている。文字どおり「引く手あまた」である。また彼に従う四十六士もおおかたは身の振りかたがきまっていた。浪々の境涯に陥り、食うにも困り、やけくそで主人の仇を討つというのではない。内蔵助たちは幕府の裁断が不公平であることを見逃すわけにはゆかないと、腹をきめていたのである。

将軍綱吉が、騒動の原因をつくった吉良上野介に、何らかの処分をおこなうべきだと内蔵助たちは見守っていたが、何の処分の沙汰《さた》もなかった。

それであれば主君内匠頭の弟大学に跡目相続を許してもらいたいと、内蔵助は浅野家の縁辺を伝い懇願をくりかえした。

しかし、浅野大学が広島に蟄居《ちっきょ》を命じられ、浅野家再興の望みは絶たれた。ことここに及んで、はじめて四十七士は仇討ちの決意をかためたのである。このまま長いものには巻かれろということで、将軍綱吉の裁断に反論を申したてないときは、彼らの武士道がすたると考えたためである。

幕府の法規のもとで、綱吉に抗議するわけにはゆかない。そうであれば上野介の首級を取り、亡君の墓前に供えるという非常手段をとることにした。

内蔵助が昼行灯と呼ばれたのは、彼が筆頭家老としての勤めをはたしながらも、自分の日常が真の武士にふさわしくない雑事にふりまわされていることに、漠然とした不満と虚無感を抱かざるをえなかったためであろう。

主君内匠頭にどれほどの親愛感を抱いていたかはわからない。「浅野の火消し」で有名であった火事装束に身をかため、大勢の大名火消しを引き連れ、江戸市中に颯爽《さつそう》と馬上の姿を見せることを好んだ主君を、浅薄で気ままな、領民の心を読むことも知らない鈍物であると見限っていたかも知れない。

太平の時代が、百年もつづいた当時、大名は世間知らずの甘えん坊育ちであると、相場がきまっていた。

だが、将軍綱吉が筋の通らない不公平な裁断をおこなうことを、内蔵助は断じて許せなかった。幕府の裁決を黙ってうけいれるだけで、内蔵助は家来とともにこののちも平穏な生活をつづけ、世を終えることができる。

元禄《げんろく》十四年（一七〇一）三月下旬、主君切腹の報が赤穂に届いた直後、内蔵助の妻りくは、夫に京都で隠棲《いんせい》の住居を求めるよう洛中《らくちゅう》の親戚《しんせき》に依頼してほしいとすすめていた。

内蔵助は亡君の弟で三千石の旗本である大学長広が閉門の処罰をうけたとの報が赤穂に届いた三月二十二日、大石一族である石清水《いわしみず》八幡宮の大西《おおにし》坊、専成《せんせい》坊にあて手紙を送った。

「突然の出来事でどこへ移り住む心あたりもなく、難儀なことです。ご近所の山科《やましな》から山崎辺りで、家族と家来十四、五人ほども住める家が欲しいのです。

上方の様子はわからないので、浪人は近所の住人に嫌がられるであろうと思いますが、伏見、大津辺りでもけっこうですから、ご周旋下さい」

このとき、内蔵助は主家断絶と判断し、赤穂を立ちのいたあとの生活の支度をいちはやく講じていたのである。

大石家の先祖は近江栗太郡大石村の土豪であったので、親戚は京都付近に多かった。縁者の進藤筑後守《ちくごのかみ》長富は、近衛《このえ》家諸大夫である。石清水大西坊覚運は、内蔵助の従弟である。内蔵助の叔母の夫で、浅野家物頭四百石の進藤源四郎は、山科西野山に広大な地所を持っている。

内蔵助夫妻は、浪人したのち縁者の多い山科付近で平穏な余生を送ろうと相談していた。

大石家の知行は千五百石であるが、四つ取り（四割の実収）という藩制により、六百石を得ていた。六百石で筆頭家老の体面を保つためには倹約を心がけねばならなかった。浪人してもさほど窮しないだけの家産もあるので、暮らしむきにさほどの変化はない。

だが内匠頭切腹の事情があきらかになって、内蔵助の心境が変わった。

幕府は江戸城内で脇差を抜き、上野介に突然斬りつけた内匠頭に罪があり、斬られた上野介にはなんの落度もないと裁量をした。幕府の法としては、正しい判決である。

だが内蔵助はそれでは納得できなかった。内蔵助以下四十七人の家中の士は、主君の仇を討つため、盟約を交わしたのである。

四十七士の決意

内匠頭《たくみのかみ》は殿中の廊下で上野介《こうずけのすけ》を見ると、「此間《このあいだ》よりの遺恨覚えたか」と大声で叫びたて、脇差《わきざし》を抜きうちに眉間《みけん》に斬《き》りつけた。

その打ちこみは激しかったが、上野介の烏帽子《えぼし》の縁の金輪《かなわ》に切先《きっさき》が当たったので、致命傷にはならず、上野介がうつむきに倒れたところへ二の太刀で背中を斬った。だが気が焦っているので倒れている上野介に深い一撃を与えられなかった。

そのとき大奥留守居番梶川与惣兵衛《よそべえ》がうしろから夢中で内匠頭を組みとめた。内匠頭が駆けつけた高家《こうけ》衆、坊主らに取り押さえられ、彼の詰所である柳の間へ引きたてられる途中、辺りにひびきわたる大音声《だいおんじょう》で、刃傷《にんじょう》の理由をくりかえし告げた。

「上野介こと、このあいだ中より意趣これあり候ゆえ、今日の事かたがた恐れいり候えども是非に及ばず、討ち果たしてござる」

南蛮外科医栗山道有に額の疵《きず》を六針、背中を三針縫ってもらった上野介は屋敷に引きあげた。

彼は目付多門伝八郎に事情を聞かれ、答えた。

「それがしに何の恨みをうける覚えもござらぬ。ただただ内匠頭が乱心による仕業にござります る」

内匠頭は奥州一関城主田村右京大夫に預けられた。彼は目付たちに返答した。

「上野介にはかねて遺恨がござった。前よりの恨みが積みかさなりしゆえ、前後を忘却いたし、刃傷に及びし次第にござりますれば、いかようなるお咎《とが》めをもお受け申しあげまする」

老中たちは内匠頭に同情していたので、彼が乱心したため暴発したと見ようとした。乱心であれば、処分が緩和される場合もある。

吉良《きら》上野介は、領地三河吉良住民から名君であったと慕われていたという説があるが、当人は、きわめてたちの悪い人物であったと『徳川実紀』に記されている。

「世に伝えられるところでは、吉良上野介は歴代幕府礼式をつかさどる高家筆頭の職にあって、毎年朝廷の使者を饗応《きようおう》した。

公式の礼節の順序を熟知しており、右に出るものがいない。それで京都朝廷から勅使、院使が、正月に幕府から新年の賀儀をうけた答礼に三月頃、江戸城へ参向するときの接待にあたる大名たちに礼節を教えた。大名たちは身を折り曲げて上野介に媚《こ》びへつらった。そうしなければ教えてくれなかった。上野介は賄賂《わいろ》をむさぼり巨万の富をかさねた。

長矩《ながのり》（内匠頭）は媚びへつらわなかったので、今度馳走人《ちそう》として接待役にあたったが、上野介に憎まれた。それで上野介は何事も長矩に告げ知らせなかったので、長矩は手順を間違え、礼を失することが多かったため、これを恨み、刃傷に及んだということである」

『徳川実紀』は徳川家の正史であるので、この記述を信じるのが妥当である。

内匠頭の友人戸沢山城守も、内匠頭が勅使饗応役を命ぜられたとき、彼をたずね忠告をした。

「上野介は豺狼《さいろう》のごとき人柄で、賄賂をむさぼり、与えない者にはかみつきかねぬ。彼とともに勅使饗応役をすれば、誰ひとりとしてその毒牙《どくが》にかからぬ者はおらぬ。さような相手と知ったうえで、ひたすら耐え忍ばねばなるまい」

上野介は親戚《しんせき》に権門勢家をひかえていた。

妻の三姫《みつひめ》は米沢藩主上杉定勝の四女で、三姫の兄綱勝死去ののち、上野介の長男三郎が養子としてあとを嗣《つ》ぎ、綱憲と称した。上野介はわが孫にあたる綱憲の次男春千代を養子として貰《もら》った。

上野介の長女鶴《つる》は薩摩《さつま》の第二十代当主島津綱貴の室となった。次女阿具利は津軽家、三女菊は酒井忠平と、いずれも大名家一門衆に嫁いだ。上杉綱憲の妻は、紀伊《きい》大納言光貞の娘為姫。為姫の兄中納言綱教の室は将軍綱吉の娘鶴姫であった。

上野介は現将軍家以下、紀州徳川、上杉、島津、津軽、酒井の諸大名と縁戚《えんせき》の関係をむすんだ。彼は綱吉の側用人《そばようにん》として権勢ならびない柳沢出羽守吉保にもとりいっている。

浅野内匠頭は、その日のうちに綱吉の裁断をうけた。内匠頭は切腹、上野介に罪なく、疵の養生をすべしとの内容である。

浅野内匠頭は、上使の指図により、田村家の庭前に張りだした縁台のうえで、切腹させられることになった。大名、旗本が庭先で切腹させられるのは、前例のないことである。内匠頭は従五位下の官位を持つ城主である。上使の大目付は切腹の場を変更するよう副使たちからいわれても、聞きいれなかった。

切腹の直前、内匠頭家来片岡源五右衛門が田村家の玄関へ駆けつけ、今生《こんじょう》の暇乞《いとまご》いに一目でも拝顔したいと頼み、右京大夫の家来たちが押しかえすが源五右衛門は刀を抜きかねない剣幕である。

源五右衛門は主君より一歳年下の浅野家内証用人である。彼は内匠頭が切腹を申し渡されるとき、隣座敷にいて無言のうちに永訣《えいけつ》の挨拶《あいさつ》をした。内匠頭は、暮れ六つ(午後六時)の時鐘が鳴ってまもなく切腹の座についた。

内匠頭は切腹の直前に、家来に手紙を書きたいと所望し、拒まれると家来の片岡源五右衛門、磯貝十郎左衛門の両人に、つぎの言葉を伝えてほしいと頼んだ。

「この段かねて知らせ申すべく候えども、今日やむをえざることに候ゆえ、知らせ申さず候。不審に存ずべく候」

今日の騒ぎをおこすに至るまでの事情はかねて家来たちに知らせておくべきであったが、その機会がなかった。今日のことはやむをえなかったのだが、そのほうたちはさだめし不審に思うであろう、という文面には、内匠頭の切ない心情があらわれている。

浅野家から内匠頭の遺骸《いがい》を受けとりに出向いたのは、用人糟谷勘左衛門、内証用人片岡源五右衛門、磯貝十郎左衛門、留守居建部喜六、田中貞四郎、御小納戸役中村清右衛門の六人であった。

彼らは遺骸を輿《こし》に乗せ、泉岳寺へ送葬し、片岡、田中、磯貝、中村の四人は霊前で髻《もとどり》を切った。内匠頭の伝言を記した書きつけを見て、亡君の志を継ぎ、吉良上野介を討ちとる決意をかためたのである。大石内蔵助《くらのすけ》が隠棲《いんせい》の心づもりを変え、主君の無念をはらす一挙をおこすことにきめたのも、この内匠頭の遺言を知ったためである。

死をもって武士の本意を天下に示す

赤穂《あこう》浅野家の筆頭家老である内蔵助《くらのすけ》にとって、江戸という巨大な都市にいて、諸大名のうえにいる将軍は、観念のなかに存在するだけの無縁の存在であった。

綱吉の権力は悪法のきわみである生類憐《しょうるいあわれ》みの令を発布して、天下の士民を苦しめていても、反抗する者があらわれないほど、絶大であった。

下水の水を柄杓《ひしゃく》で道へ撒《ま》いた小僧が、ボウフラを死なせたといって投獄され、頬《ほお》にたかった蚊を無意識に手で叩《たた》いた旗本が流罪にされる、常軌を逸した政事の張本人であるが、大名たちは彼を鬼神のように畏怖《いふ》した。

仙台藩主伊達《だて》綱村はいった。

「江戸で新年拝賀をおこなうとき、先代家綱公のときはかならずご拝顔したが、いまの上様にはできぬ。思わず顔を伏せてしまうのじゃ」

綱吉が将軍となってからは、目付が終日江戸市中をうろつきまわり、老中、お側衆《そばしゅう》、大名の屋敷に客が来ていると、何者が何の用で来ているのかと聞きまわる。

隅田川沿いの大名下《しも》屋敷では、数寄《すき》をこらした茶室があると、いかなる難癖をつけられるかわからないと恐れて取りこわした。

綱吉は諸大名の処罰をしきりにおこない、改易取り潰《つぶ》し、減封をためらわない。

小姓組番頭《ばんがしら》百六十石から取りたてられ、元禄《げんろく》十四年（一七〇一）に七万二千石川越城主となり、老中よりも上席となった側用人柳沢吉保でさえいさめた。

「いまの諸大名、御家人は、すべて家康公のときより代々譲られし者どもなれば、扇子、鼻紙のように軽々しく思《おぼ》し召されてはなりませぬ」

綱吉の権力がいかに絶大なものであったかを示す挿話が、後世まで多く残っている。

綱吉は諸大名の屋敷への御成《おな》りを、しばしばおこなった。将軍御成りがある大名家では、莫大《ばくだい》な金銀を饗応《きょうおう》に費消した。

加賀前田家は、元禄十四年十二月、明年に将軍の御成りがあるとの予告をうけたので、翌十五年正月から本郷上屋敷内で御成り御殿建造の工事にとりかかった。

工事はすべて幕府の小普請《こぶしん》奉行に依頼せねばならないことになっている。綱吉の御成りは、四月二十六日と定められているので、御殿は三月中に落成させねばならない。

幕府小普請奉行は、建築材料を自分で仕入れるが、商人から袖の下をとっており、前田家の出費をかえりみず、柱一本三十両、長押《なげし》一本二十両というような贅沢《ぜいたく》きわまりない建物をこしらえにかかった。

当時の一両は現代の二十万円以上である。

前田家の記録に、「このたびの御費用際限なし」と記されている。

二月四日が手斧《ちような》はじめ、二十九日の棟あげに赤飯百俵、餅《もち》を大樽《おおだる》百八十本に詰めた。四月十一日までに大工手間賃が二十万人分に及び、棟数四十八、建坪三千坪の大御殿が完成した。

綱吉の御成りは、四月二十六日の午前十時過ぎである。綱吉は講書をして前田家当主綱紀も進講をする。そのあとで綱吉と綱紀がともに仕舞《しまい》をする。

仕舞ののち饗応がなされ、日暮れまえに綱吉は席を立ち帰城する。御成りは七時間ほどであるが、用人柳沢吉保、老中、若年寄、諸大名が随行するので、当日の夕料理は五千五百八十人前を出さねばならない。

当日朝と前日、前々日の料理を加え、総計九千八十人前となった。屋敷うちのすべての賄高《まかないだか》は三万人分である。

御殿の建築費だけで十九万八千両である。前田家は金沢、江戸、京都の豪商から二万二千貫（三十六万両）の借銀をした。わずか七時間の御成りのために建てた御殿は、一年後の「水戸様火事」で焼失した。

前田家は莫大な借銀の返済をするために、十数年を要した。

前田家のような全国諸侯筆頭の大大名でさえ、綱吉のためにこのような無駄遣いをさせられることに忍従しなければならなかった。

将軍の意にそわなかった大名は、どんな難癖をつけられ改易させられるかわからなかったためである。

大石内蔵助は、幕府が吉良《きら》上野介《こうずけのすけ》に非違があったとして、応分の処分をしたうえで、内《たく》匠頭《みのかみ》の弟浅野大学に御家再興をさせれば、大学の面目は立つと考えていた。幕府に内匠頭への処断が過酷に過ぎたとの反省があれば、このような裁断をするはずである。

彼は、浅野家中一同の面目が立てば、仇討《あだう》ちはおこなわなくてもよいと考えていた。吉良屋敷へ斬《き》りこみ、上野介の首級をあげて亡君の無念をはらそうとする同志のうちには、若者が多い。内蔵助はできることなら彼らを死なせたくはなかった。

だが将軍綱吉、側用人柳沢らの眼中に、赤穂浅野家の存廃の些事《さじ》は映っていなかった。元禄十四年十二月十二日、幕府は吉良上野介に隠居を許した。上野介は世間の悪評が日に増し高まるのをはばかり、隠居を願い出ていた。

上野介の養子義周《よしちか》は、吉良家四千二百石の所領を相続した。

さらに元禄十五年七月十八日、浅野大学は閉門を許されたが、内匠頭から分け与えられていた知行三千石を召しあげのうえ、本家である安芸《あき》の浅野家へ、妻子とともに預けられることになった。

浅野家の立場を完全に無視した幕閣の措置に対し、内蔵助たちは彼らの武士道をつらぬくため立ちあがったのである。

仇討ちを実行すれば、綱吉は内蔵助たちの九族までを処罰するかも知れない。だが武士の本意の立てようを天下に示さねばならなかった。

では、内蔵助らが天下に示さねばならなかった武士の本意とは何であったのか。主君への「忠義」であったのか。

違うというのが、私の考えである。「忠」や「孝」というのは徳川幕府が政権の安定的な持続を図るため導入した儒教道徳に基づく武士道であり、赤穂四十七士を「忠臣」とするのは幕府御用達《ごようたし》の武士道によるご都合主義の解釈にすぎない。内蔵助たちを仇討ちへと駆り立てた武士道は「忠」でも「孝」でもなく、「武勇」と「廉恥」、すなわち戦国武士の武士道であったはずである。

この綱吉の時代は、戦国の「戦後」が終わりを告げ、もはや「武」も「勇」も用済みの文治政治が定着した時代であり、武士は将軍家を頂点とする幕藩体制内の秩序にひたすら従順を誓う卑屈な飼い犬のように成り下がりつつあった。

しかし、彼ら四十七士は、公儀が理不尽な裁断を下してかえりみない以上、自分たちの手で筋を通し、正義を実行しようと決然と立ち上がった。理不尽を理不尽のまま呑《の》み込むという卑怯《ひきょう》な生き方を恥とし、戦国の武勇を捨てて生きることを断固拒否したのである。彼らがつらぬいたのは武士の意地であった。

小藩の家老が、全国の大大名をふるえあがらせる将軍綱吉に向かい、一歩もゆずろうとしないのである。内蔵助の眼中には、綱吉の恐さも側用人柳沢吉保の権勢も映っていなかったにちがいない。ひたすら武勇と、それを実践しない廉恥のみを腹の底に抱き、死ぬことしか考えていなかったから、おそれるものは何もなかった。赤穂四十七士の討ち入りは、戦国武士道が咲かせた最期の「侍の花」だったといえよう。

内蔵助たちが自分たちの死をもって、将軍の裁決に抗議をした事件は、元禄十五年師走の江戸から全国に聞こえ、国民はすべて感動の渦にまきこまれた。武士道の意地をつらぬいた四十七人の行為に、専制政治の枠組みのなかで窒息させられていた諸人の人間性が、はげしく感応したためである。

玄蕃允《げんばのじょう》と内蔵助の行動は武士道をつらぬく覚悟が体内に蔵されていて、はじめてなしうるものであった。彼らは四民の亀鑑《きかん》となるべき、きわめて高度の倫理観を身につけていたため、事にのぞんで余人のなしえない勇気を奮いたたせることができた。

彼らの行動を律したのは、西欧騎士の理想とする、ノブレス・オブリージェ（高位の人の義務）と同様の観念であった。

第4章

武士が死ぬとき——武士道における「死生観」とは

武士道における「品性」とは何か

四十七士の義挙にいくらか先立つ薩摩《さつま》藩十九代島津光久の治世（一六三八〜一六九五）に、鹿児島城下で少年の決闘事件がおこった。

日高喜兵衛という十一歳の少年が、隣家の貴島某というおないどしの遊び友達と、近所の神社の境内で独楽《こま》をまわして遊んでいた。
六、七歳の稚児《ちご》の頃から気が合い、たがいの家に出入りして睦《むつ》まじい仲であったが、独楽遊びをするうちいい争いになり、いつになくたがいに激昂《げっこう》して刀を抜こうとした。
日高は小柄であったので、刀身が鞘《さや》に残って抜けない。貴島が手伝って刀を抜いてやった。双方が抜きあわせ闘って、貴島が討たれて死んだ。

日高少年は帰宅して親に告げた。

「俺《おい》が刀を抜けんやったとき、貴島が斬《き》りつけてくれば、勝負に勝つわけもなかったとごわす。一時も早く死なにゃ申しわけがあいもはん」

両親はまだ幼い息子を死なさねばならぬかと悲嘆にくれ、親戚《しんせき》を呼び集め、遊び友達をも呼び寄せた。

喜兵衛は友人たちにも残らず暇乞《いとまご》いをして、勇みたつような口調でいう。

「俺は、こいから切腹すっど」

親戚の男女は、少年の切腹するさまを見るに忍びない。

介錯《かいしゃく》をひきうけた縁者の侍が、喜兵衛を庭へ連れだした。

「自害はそげん急ぐもんではなか。庭に出て、見納めに辺りを廻《まわ》ってきいやい」

喜兵衛はすすめに応じ、庭へ出た。介錯の男は喜兵衛の両親から見えない木蔭《こかげ》に歩み入り、抜きうちに首を打ちおとした。

肉親は嘆き悲しんだが、喜兵衛が断末魔の苦痛を味わうことなくすんだのを、せめてものなぐさめとした。薩摩藩の士風はそのような勁烈なものであった。

当時の武士が品性を高めるために勉学したことは、この挿話によって理解できる。現代では博学になり偏差値を高めて、高学歴によって立身するために勉学をする。

そのため責任ある立場についたとき、役得を得ようとして外聞のわるいおこないをする。事が発覚すればテレビの画面で臆面《おくめん》もなく平身低頭して詫《わ》びるのを恥じない。

盗みをはたらこうとして、あるいは自己の鬱屈《うっくつ》を発散するため殺人をおかしても、できるだけ罪が軽くなるよう精神異常をよそおい、あるいは悔悛《かいしゅん》の情をことさらにあらわし、釈放される日を待ちのぞむような卑劣な者が多い。

われわれ日本人はいつのまにこのように品性が変わってしまったのか。近頃では外出すればどのような災厄に見舞われるのかわからない世のなかになってしまった。

薩摩武士の勇猛な精神は戦国の昔から伝えられてきた。島津家第十七代当主義弘は関ヶ原の大戦のとき西軍に属した。敗北に際し後方へ逃げることをいさぎよしとせず、わずか七、八百の残兵を率い、九万余の東軍のなかへ駆け入り、家康本陣を襲おうとして果たさず、伊勢《いせ》街道から伊賀《いが》を経て堺《さかい》へ入った。

海路鹿児島へ帰りついたのは、島津惟新入道（義弘）以下八十余人であった。

義弘は麾下《きか》諸侍の主婦に対し、男子幼少の頃からの教育方針の基本として、第一に武士としておこなうべき道理、「武士道の義理」を教え、第二に、「仮にも不義にして悪《あ》しきことなきよう」に養育しなければならないこととした。

幼少の頃から善悪の区別判断の基準を、すこしも武士の道にはずれることのないか否かに置かせたのだ。

日高喜兵衛が遊び友達と斬りあいをしたのは、彼らなりに武士としてそうしなければならないという判断があったためである。

斬りあって相手を傷つけるか殺せば、自分も切腹しなければならないということを少年たちは知っていた。そのため喜兵衛はためらわず死をえらんだのである。

義理というのは、他人に指弾されることのない生きかたをするということである。義理をはずれたときは、自ら罪をつぐなわねばならない。侍にとって普段の行動は慎重におこなわねばならないものであった。

もし、過誤を犯せば、わが手で命を断つ。それが侍の品性であった。腰に差している刀は、太平の世になっても伊達《だて》ではなかった。現代では夢物語のようなきびしい倫理観が、少年武士にも課せられていたのである。

心の弱さをもっとも嫌った薩摩の士風

人の可塑性《ドシリティ》はおよそ七歳までに定まってしまうという説がある。

上泉伊勢守《こういずみいせのかみ》を始祖とする新陰流では、ふくろじないを用いての稽古《けいこ》をかぞえ年の六歳頃からはじめさせる。その際、「鳥飼い」という精神教育を徹底しておこなった。

流儀の太刀をまちがいなく正しく遣えば、相手の太刀先がわが身に絶対に当たらないという自信を植えつけることである。

柳生《やぎゅう》十兵衛が父宗矩《むねのり》と稽古をした際、しないの尖端《せんたん》で眼《め》を傷つけられ隻眼になったのは、鳥飼いによる信念でまばたきをしなかったためであるといわれる。

人は出生時の脳が四〇〇グラム、五歳の脳が一三六〇グラム、二十歳の脳が一四〇〇グラムに成長するといわれる。五歳児の脳が成人の九七パーセントまで発達するということは、幼児期が人間の教育において人格形成のきわめて重要な時期であることがわかる。

武士は文武両道を修めることによって、はじめて十全の才能を発揮できるようになるといわれた。島津家二十八代当主斉彬《なりあきら》は天下に聞こえた名君であったが、六、七歳の頃から経書をひもとき儒学をまなび、書道、絵画、小謡鼓、謡曲仕舞《しまい》、和歌などの教養を身につけ、家臣たちから「二つ頭《びんた》」と嘆称されるほどの聡明《そうめい》な君主になった。

島津藩には郷中《ごじゅう》という制度があった。天正年間から連綿とつづく武士の子弟の教育機関である。

城下には三十三の方限《ほうぎり》がある。方限とは大字のことであった。藩士の子弟は八歳から十歳までを稚児《ちご》、十一歳から十四歳までを長稚児《おせ》と呼ぶ。十五歳になって前髪取り御免になると、二才《にせ》と呼ばれる。二十歳を過ぎると長二才《おさ》となり、妻帯すると郷中の訓練を終え、藩士としてひとり立ちをする。

稚児には稚児頭《がしら》、二才には二才頭があった。二才頭は文武に秀で、才器徳望兼ね備えた者が、かならずしも年長者ではなくても推されてその役につくことがあった。

鹿児島城下の南にあった下加治屋《しもかじや》町方限の郷中頭は、西郷吉之助（隆盛）であった。山本権兵衛《ごんべえ》（海軍大将・伯爵）が安政三年（一八五六）、五歳のときに稚児に加わったという特例もある。

稚児は各方限に三、四十名あり、一群をなして行動した。彼らは朝の暗いうちに起き、それぞれ門の敷居に片足をかけ、明け六つの鐘が鳴ると同時に書物の師匠先生のところへ駆けこむのである。

自分の郷中のなかに書物の師匠先生を求めねばならない。先生役の二才《にせ》の数はかぎられているので、稚児たちは明け六つの鐘を聞くと同時に懸命に走って師匠の門にたどりつき、先着順に教授を受けた。

稚児が教わるのは、大学、中庸、論語、孟子《もうし》の四書と、易経、詩経、書経、春秋、礼記の五経との重要な儒学の経書である。

稚児のなかでごくわずかの才能ある者が、史記、前漢書、後漢書など中国史書の素読指導をうけた。

早朝の勉強を終えた稚児たちが郷中の教育をうけるのは、毎朝五つ半（午前九時）からである。

走りくらべという短距離競走、稚児が馬になり、長稚児が短い縄をふりまわし、柵《さく》内に追いこむ馬追い。先端に瘤《こぶ》のような結び目のある縄に打たれると、顔をゆがめねばならないほど痛かった。

飛びくらべ、棹《さお》飛び、竹刀で打ちあう戦のまね。破魔投げというのは、輪切りにした丸木を、東西におなじ人数に分かれ、木刀で打ちあう、現代の野球かテニスに似たものである。

運動は九つ（正午）に終わる。

そのあと稚児宿とさだめられた大きな屋敷で読書を一刻（二時間）ほどする。

そのまえに、長稚児が稚児たちにたずねた。詮議《せんぎ》といわれる問いかけである。すべて容易に答えられない難問ばかりであった。

「お前《はん》らの父と母が、大病にかかり死にかけちょる。病に効く薬はひとつしかなか。どっちに飲ませりゃよかか」

「学問があっせえ武芸達者な人がおっ。そん人はなぜか母《かか》どんにつらくあたり、いつも泣かせちょる。立派な人が、ないごて不孝じゃっとか」

「道を通っちょるとき、突然二階の窓から誰かがお前に悪態をつき、水をかけてくりゃ、いけんすっか」

「道を通っちょるとき、悪者に行きあい突然殴られ、金を出せと脅されたときは、いけんすっか」

「家中の者が二人、喧嘩《けんか》をはじめ斬《き》りあおうとしちょるところへ通りかかったらどげんすっか」

「朋友《ほうゆう》がどこぞで盗んできた金を、お前にやるといえば、いけんすっか」

素読、習字と同様に詮議を重視するのは、いついかなる場所においても、武士としての適切な判断を下すことができるための訓練であるからである。そして、詮議が日常のあらゆる場面を想定しているのは、学問は日常に生かされてこそ初めて成果を得るという考えに基づいているからである。日頃からあらゆる場面を想定し、準備をととのえておけば、ことに臨んで肝がすわり、難にあってうろたえることはない。逡巡《しゅんじゅん》、うろたえは日頃の心胆の練りが足りないからであり、こうした弱さを薩摩の士風はもっとも嫌った。

「飛ぼかい泣こかい」「泣こよかひっ飛べ」とは、鹿児島に今も伝わる童謡の一節である。高い崖《がけ》の上で子供が恐怖心で立ちつくしたまま泣いている。そんな子供に対して、鹿児島の人たちは「泣いて迷っているくらいなら、思い切って跳んでみろ」と教える。勇気とは、薩摩にとって徹底的に養うものなのである。

稚児たちは、九カ条の掟《おきて》を重んじなければならない。

一、忠孝を旨とし、文武の鍛練をはげめ。
一、礼儀をわきまえ、郷中の団結を心がけよ。
一、山坂達者（山を走って足腰を鍛える）をはげめ。
一、何事にも詮議をつくし、方針が定まったのちは異論をたてず、いいわけをするな。
一、嘘《うそ》をつくな。弱音を吐いてはならない。卑劣なふるまいはするな。短気をおこすな。
一、弱い者をいじめるな。
一、目上を重んじ、親に反抗するな。
一、無刀で門外へ出てはならない。脇差《わきざし》一本を身につけて、町の辻角《つじかど》をまわるな。
一、いかなるときでも刀を抜いてはならない。抜けば、ただでは鞘《さや》に納めるな。

稚児は毎朝、長稚児から礼儀の指導をうけた。

「昨日、父母上さま、きょうだい、朋友に不作法をせんやったか」

稚児のうちに不心得者がいると、長稚児が二人つき、座敷の隅に坐《すわ》らせ経書の全文を読ませる。これを罰読みといった。罰読みは心から反省するまでつづけ、なお服従の色がないときは、稚児、長稚児全員が集まり、いい聞かせる。それでも反抗するときは、「素手《すで》打ち」という鉄拳制裁をおこなった。

郷中の規律は、嘉永《かえい》五年（一八五二）八月、島津斉彬が第二十八代藩主になってのち、ゆきすぎた乱暴のふるまいを禁じたので、おだやかになった。斉彬はいう。

「忠義にはげみ礼法を正しく、風俗を乱すべからず。言語、容貌《ようぼう》の心がけなく、わがままに生いたち、士に似あわぬ月代《さかやき》、衣類など異様の姿で、大勢つれだち、門前、路地に群集し、非法の狼藉《ろうぜき》をはたらき、仕置《しおき》（政事）のさまたげになることは、きびしく制禁する」

さらに家老を通じ、論達書を下した。その内容の大意はつぎのようなものであった。

「近年、諸士の風俗は乱れている。わずかなことで他方限《ほうぎり》の者と争論し、竹木をふるって打ちあい、無礼をはたらくことを手柄であるかのように心得違いしている。

たがいに遺恨をふくみ、大目付座の教示をも聞きいれない。

こんどは悪習が根絶するまで、十五歳以上の二才《にせ》は支配頭《がしら》の自宅へ呼び出し、各人に請書《うけしょ》（誓約書）を出させ、十四歳以下の稚児は親兄弟、二才頭から厳重に訓諭して、父兄たちから支配頭へ請書をさし出せ」

薩摩《さつま》兵児《へこ》の士風は、「やっせんぼ」（役立たず）といわれるのを忌み、「ぼっけもん」（快男児）とあがめられるのを好む。

また、「ぼっけもん」とともに、薩摩武士があこがれたのが「きれいご免さあ」の性格であるという。名誉も財産も、命にも執着がなく、いつでもそれを恬淡《てんたん》と捨てられる身ぎれいな男のことである。西郷隆盛も桐野《きりの》利秋も「ぼっけもん」であると同時に「きれいご免さあ」に生きた男であった。それが郷中に集まる青少年武士の死生観をかたちづくっている。

命は刀を抜いた瞬間にすてるもの――「常在戦場の心構え」

平戸藩主松浦静山が諸国の風俗を記した『甲子夜話《かっしやわ》』に、薩摩《さつま》の郷中教育についての記述がある。

「薩摩には兵児二才《へこにせ》組という男伊達《おとこだて》の党がある。党の規律は厳重で、書物の輪読、武芸鍛練をもっぱらとし、路上でゆきあう女性に目をむけただけで、厳罰をこうむる。

火縄筒遊びというのがある。皆で車座になり、天井から荒縄で水平につるし、年長者が弾丸硝薬をこめ、縄によりをかけ、火縄筒がぐるぐるまわりはじめると、皆であぐらを組み、胸を張って銃口をにらみつける。

火縄が燃えつき、弾丸が発射されるまで、二才たちはまばたきもしない。彼らのあいだを弾丸が飛び去ればいいが、命中すれば命がない。

当たっても落胆したり悲しむことがなく、それを幾度もくりかえし、胆《きも》を練るのである。

郷中教育は、青少年の自治に任せられていて、父兄が口出しはできない。卑怯《ひきよう》のふるまいをして、自決ができない者は、二才たちが相談して焼酎を飲めるだけ飲ませ、泥酔すると高い枕をさせて寝かせる。

その枕を蹴《け》飛《と》ばすと、頸骨《けいこつ》が折れて即死した。これは戦場で用いられた格闘の技術を応用したものであった」

徳川中期の郷中の若者たちの風俗は、つぎのようであった。

「皆わがままに育ち、人目に立つ異風の姿で大勢路地、門前に集まり、他の方限《ほうぎり》の二才たちが通りかかると、狼藉《ろうぜき》をはたらいた。すこし憤懣《ふんまん》のあるときは、塀、垣を突き崩し、石を投げこみ、道の四つ角にむらがり、往来する者に口論をしかけ、殴りつけ、斬《き》りすてる」

喧嘩《けんか》の相手を斬りすてるのは、日常のことであったのだ。その後、喧嘩両成敗などの罰則ができて、薩摩の士道が整えられてきた。

徳川幕府に朝鮮通信使がきて、たずねた。

「日本には目付役（警察官）のいない国があると聞いていますが、ほんとうでしょうか」

幕臣は即座に答えた。

「それは薩摩という国のことです」

薩摩人は罪を犯したとき、役人がくるまえに自らを処分するのを、習慣としていたのである。

郷中の教育に「シベ立て」というのがあった。山中の墓地に太い竹に刺した御幣《シベ》を立てに、稚児たちが深夜一人で出かけるのである。あるとき、墓地についた稚児が石を拾いシベをしっかりと地中へ打ちこみ、帰ろうとした。暗闇のなかで、稚児は自分の袴《はかま》の裾《すそ》をシベの先端にひっかけ、地中へ打ちこんでしまった。

立ちあがりかけると、袴の裾が下から引かれる。すさまじい力でどうしても立ちあがれない。稚児はそのまま帰らなかった。二才たちが様子を見にゆくと、稚児は刀をなかば抜きかけたまま死んでいた。化けものに裾を引かれているのだと思い、動転して恐怖のあまり脳の血管がやぶれ、命を失ったのである。

すさまじいまでに峻厳《しゅんげん》な郷中教育は、島津斉彬《なりあきら》によって行き過ぎを改められた。

イギリスは文久三年（一八六三）七月の薩英戦争ののち、薩摩と親交をかさねたが、維新後、日本が日清戦争、日露戦争で眠れる獅子と呼ばれた清国、世界最強といわれた陸軍と大艦隊を擁するロシアの二大強国に勝ったとき、大活躍をしたのが鹿児島出身の将軍たちであったのを見て、郷中教育を研究した。

明治四十三年（一九一〇）、ジョージ五世の戴冠式《たいかんしき》に出席した乃木《のぎ》大将は、ボーイスカウトの訓練を見学し、その勇壮なさまに感心して、創始者のベーデン・パウエル卿《きよう》に聞いた。

「どのようにしてこんなにすぐれた青少年鍛練の制度を考案されたのですか」

パウエル卿は答えた。

「これは貴国の健児《けんじ》の社（郷中）の教育制度を研究し、その長所をとってつくりあげました」

幕末の鹿児島をおとずれたイギリス軍は、郷中教育の徹底した武士道養成の方針を、見逃していなかったのである。

戦国乱世を生きぬいた大名たちも、武士にとって、いかなるときにもうろたえず後世に恥辱を残さないための心構えを、大切にしていた。

前田利家はつぎのようにいっている。

「侍というほどの者は、登城するとき、大勢が話をする座へ出るときは、何事がおこるかも知れないと気構えをしておらねばならない。俺《おれ》は誰と仲が悪いから用心しなければならない。また、誰とは喧嘩《けんか》せずには納まらないであろうなどと、あらかじめ分別しておくことが肝要である。そうすれば恥はかかない」

侍は屋敷を一歩出たのちは、いつ命をかけての争闘にのぞまねばならないかも知れないという心得である。

「ふだんから仲のよくない者が、こういったときはどのように返答しようか。横っ面を張ったときは斬《き》りすててやろう。またおだやかに口をきくときは、このように応対しようなどと心にきめて人前に出なければならない。何の心構えもせずのんびりと構え、うろうろと人に立ちまじわれば、かならず失敗をして人につけいられるものである。

人に会うときは、これまでつきあったことのない者には、常に笑顔をつくり、いかにも他意のないように見せることが必要である。信長公は仰せられた。笑顔は他人に対し敵ではないと、相手に見せるしるしであると。これは心得ておくべきことである」

十四歳の初陣以来、五百度、六百度といわれるほど具足をつけた利家がいうところは、郷中の青少年が問答しあう詮議《せんぎ》そのままの内容であった。

利家は小姓の若者たちに、いい聞かせた。

「儂《わし》は知らぬことを知ったふりをして嘘《うそ》をいう者が、もっとも嫌いである。そういう者が、侍大将であれば、何事をいっても部下たちは真実とは思わない。

敵と命のやりとりをする合戦のとき、あのような嘘つきがどんな命令を下しても、聞くことはないといって従わないものである」

利家は血気さかんな年頃に、槍《やり》の又左《またざ》といわれた武辺者《ぶへんもの》で、合戦について心得るところが多かった。それをたまに近習《きんじゆう》たちに教えた。

「合戦で先手《さきて》が敗《ま》けたときは、旗本の侍どもは先へ出て敵にあたろうと足なみを乱し、槍を提《さ》げて前進しようとするものである。

そんなときに、頭役《かしらやく》の者は味方を鎮めねばならない。槍を提げていては、思いのほかに用に立たないものであるから、脇に掻《か》いこませよ。そうすれば甲冑《かっちゅう》をつけた敵をも突き通すことができるものである。

敵の勢いがいやがうえにも強く、味方の先手が追いまくられ、陣形が乱れるときは、どんなに困難でも地面に折り敷かねばならない。そうすれば死を決する覚悟もさだまり、敵も押し寄せてきにくいものである」

利家は晩年に近習小姓を集めての夜話で、太平無事となった世のなかの侍気質《かたぎ》の変化を嘆いている。

「馬は戦場においてのわが手足のようなもので、ふだんから大事にしなければならないものであるのに、近頃はめったに戦がないので、馬を大事にする者がめずらしくなった。

厩《うまや》に一両小判を置いておけば、夜中に盗人がきて取ってゆくかと気になって、眠ることもできないくせに、五両、十両、五十両の値打ちのある馬を、五頭も十頭も厩番に任せたままで、のぞきにもゆかないのは、まったくふしぎなことである」

利家は戦場で命のやりとりをした際の、槍の遣いかたについて語った。

「敵と槍をあわせて勝負するときは、かならず下槍にならねばならない。槍を下から立てて上槍へ打ちこみ、そのまま刺し通す。儂はこの手で、難敵を幾人もあの世へ送ってやった。

また敵が弓で向かってくるときは、敵の右手から突きかかるのがよい。左手からかかればたちまち矢をうけ、深手をうけるものである」

利家は一代のうちにとった冑首《かぶとくび》の数は、二十六であったという。

彼のような人なみはずれた長大な体軀《たいく》と膂力《りょりょく》比類ない武辺者でさえ、芋を洗うように大混雑し、侍たちが死力をふるって戦う戦場では、深手を負わされ、死に直面したところを家老村井豊後《ぶんご》の助勢によって、ようやく敵を討ちとめたこともあった。

利家は戦功を誇大にいう者を、あざ笑った。

「越中で誰やらが三十三の首供養をしたというが、そんなことはできるはずがない。百姓を斬り殺し、家来を成敗《せいばい》した数をあわせ、三十三の首供養をしたのにちがいない」

利家は生涯に、戦場で敵の武者と槍あわせの一騎討ちを九度した。

なみの侍では一度もないことである。一騎討ちをするほどの者は、腕に覚えのある武辺者である。剛勇をもって知られた佐々《さっさ》成政でも、一騎討ちをしたのは三度であった。

長篠設楽原《ながしのしだらがはら》の合戦で、利家の近習が武田の侍と組討ちをした。その侍は近習をたちまち組み敷き、首を取ろうとしたとき、なぜか問いかけた。

「どうじゃ、命は惜しいか」

近習は答えた。

「いかにも惜しく思うが、いたしかたもない」

武田の侍はいった。

「それほど惜しくば助けてとらせよう」

彼は近習を引きおこし、静かに立ちのいていった。

戦場では、命の取りあいの最中にありうるはずもない、そのような出来事がたまにおこった。殺そうとする者の顔が肉親に似ているとか、年頃の似た弟、息子がいるので、逃がしてやるのである。

利家は近習から話を聞くと、たずねた。

「その武者のいでたちは、鎧縅毛《よろいおどしげ》など、このようではなかったか」

くわしく聞かれた近習が、記憶に残る侍の姿と寸分違わないと答えると、「その武者は武田の何という侍じゃ」と、利家は姓名を教えた。

近習は、全身から冷汗が噴きだし、戦場で組み敷かれたときよりも怖《おそ》ろしかった。そのときのことを、いささかでもわが手柄がましく嘘をついていたときは、利家にたちまち見破られ、大恥をかくところであったためである。

このような利家の故事は、薩摩《さつま》郷中の詮議とあい通じている。どちらも武士道の精神をきわめていた。

利家は日頃から家来たちに「常在戦場」の心構えをしていなければ、実地のはたらきはできないものである。侍として恥ずべきおこないをしないためには平生から心身ともに鍛えておかねばならない、と諭したのである。

このような心得は剣術者にも通じるものであった。新陰流二世柳生《やぎゅう》石舟斎は、「心の下作り」ということを門人たちに教えた。

いついかなる方向から、どれほどの数の敵がいかなる武器を持って襲いかかってきても、最適の対応ができるための心の準備を常にととのえておくべきであるという教えである。

薩摩兵児《へこ》たちが日夜稽古《けいこ》に汗をしぼっていた示現《じげん》流剣法は「一の太刀を疑わず、二の太刀は負け」と初太刀の打ちこみにすべてを賭《か》ける。一の太刀を敵が受けとめたときは、敵の刀を切り折って息の根をとめる。

「朝《あした》に三千、夕《ゆうべ》に八千」という立木打ちの稽古で、進退の均衡を身につけ、敵を三方地獄の底まで斬り伏せる技をみがいた。

「示現流は刀に頼らない。刀を頼るときは心に迷いがある。刀が折れたときは拳で敵の頭を打ち、微塵《みじん》に砕くのみである」

命は刀を抜いた瞬間に、ハタと道端に投げすてるものであるとした。

西郷隆盛は薩摩武士道の最後の体現者であったというにふさわしい人物であった。卑劣を嫌い、変節を武人の忌むべきこととした西郷が、岩倉、大久保、木戸、伊藤らの策謀にたやすく裏をかかれ、政府に対する叛逆者《はんぎゃくしゃ》の汚名をこうむる最期を遂げた。

私学校の生徒たちが政府側の挑発に乗せられてしまったとき、西郷は彼らが罪に問われるのを見過ごせず、生死をともにする道をえらんだ。郷中教育をそのまま実践したのである。

西郷の教え――私心を捨て、一身をなげうつ

明治初年、西郷の徳を慕い鹿児島にきていた庄内藩士たちがうけた教訓を中心としてまとめた『西郷南洲《なんしゅう》遺訓講話』という本がある。（改訂版、ぺりかん社刊）

講話をおこなったのは、旧福岡黒田藩士筒井亀策《かめさく》の子として生まれた頭山満《とうやまみつる》である。明治九年、二十歳のとき萩《はぎ》の乱に参加、入獄したため、明治十年（一八七七）の西南の役に参戦できず、のちに玄洋社を設立して自由民権運動に投じ、大アジア主義をとなえ、昭和十九年に没した。

遺訓はすべて、日本人の忘れてはならない、重要な内容であるが、現代の政治において活用しなければならない数カ条を口語体で記すことにする。

「広く各国の制度を採用して、外国文化をとりいれようとすれば、まずわが国の本体をあきらかにして教育を振興し、そののちおもむろに外国の長所を学べばよい。

その手順を怠って、みだりに彼らにならおうとすれば、国体は衰頽《すいたい》し、風俗は乱れ教育は沈滞して、手のつけようもないことになるだろう」

頭山翁講話。

「これがまったく今では反対になっとる。彼を先にし、我を後にしているから、本体が行方不明になってしもうとる。途方もない不届者が出るというのも、本体を失うてしもうとるからじゃ。

見てみやれ。わが家の宝物まで、この頃ではみんな毛唐にとられてしもうとるじゃないか。むこうにかかっとる看板を見て、よだれを垂らして感心しとるけれども、それが実はわが家の宝物で、とっくの昔にむこうにとられてしもうていることさえ、知らんでいるのじゃ（下略）」

アメリカにつぐ世界第二位のＧＤＰを誇り、物質文明を享受している日本の社会で急速に道義心が失われてゆき、連日禽獣《きんじゅう》の仕業のような犯罪が報道される昨今を思えば、胸に沁《し》みる遺訓である。

「文明とは、道徳がひろく実践されることをいうもので、官庁の荘厳、衣服の美麗、外観の見事さをいうのではない。

世間の人々が西洋を評するのを聞くと、なにを文明といい、なにを野蛮というのか、まったく分からない。真の文明をおこなうのであれば、未開の国に対しては慈愛をもっててていねいに説き聞かせ、その迷妄をとりのぞいてやるべきであるのに、ひたすら彼らを残忍酷薄に圧迫し、わが利益を追求するのは、野蛮ではないのか」

頭山翁講話。

「英米なんぞの世界に対する仕打ちはどうじゃ。わがまま勝手なことばかりして、未開後進国のために手を引いて教えてやるようなことは、塵《ちり》ひとつでもしておらぬ。（中略）それをハイカラ政治家どもがまるで萎縮《いしゅく》してしもうて、ペコペコ頭を下げてご機嫌ばかりとってきたものじゃから、いまだに西洋崇拝の癖が抜けぬのじゃ」

強国が武力によって弱小国を圧迫する世界情況を、西郷は憂慮していた。

「租税を減らし国民をゆたかにするのは、国力を養うための手段である。そのため国家が内外に事変多く、財源の調達に苦しむときも、租税の定制を変更せず、政府が損失を出し、国民からしぼりとろうとしてはいけない。

古今の事跡を見るがいい。政治家が定見を持たないとき、財源が不足すればかならず悪《わる》智恵《ぢえ》をはたらかす小器用な俗吏を使い、巧みに税収をふやさせる。

このような俗吏を、一時の欠乏を免れるために良臣として使い、さまざまの手段をもって国民を虐げると、国民は苦悩にたえず、酷税を逃れようとして噓言《きょげん》を吐き狡猾《こうかつ》に立ちまわり、官民はたがいに仇敵《きゅうてき》のようにだましあい、国家はついに崩壊してしまうのではないか」

頭山翁講話。

「どこまでも親切な教えかたじゃのう。有るものを出させるぐらいならまだしも、近頃の政府のやりくちは人民の血も肉もしぼりつくして、骨までしゃぶっているようなものじゃ。人民の幸福を目安とする政府が、人民の怨《うら》みの的となっては、崩壊するよりほかはあるまい。命を捨てて窮状を打開する者も出てこないだろう。（中略）

泥棒根性や追剝《おいはぎ》心理で王政維新の大業ができるものではない。なかにも西郷南洲翁の如《ごと》きは国家のため、君王のため、万民のためにいつでも犠牲になる心掛けで、とっくの昔に命などは捨てておられたのじゃ」

現代も百年の昔も、政府と国民の関係は変わっていないことが分かる。

南洲遺訓は外交問題に及ぶ。

「正道を進み、国運を賭《と》するほどの精神がなければ、外国交際は万全を期しがたい。相手の国力が強大であるため萎縮し、円滑を主として曲げてその意に従えば軽侮を招く。そのためせっかくの親交もかえってやぶれ、ついには相手に屈服することになるだろう」

頭山翁講話。

「元来正義人道というのは弱者の声で、これをつらぬくには強者を圧するだけの気魄《きはく》と力とがなければならぬのじゃ。強国にして正義、すなわち南洲翁がいわれたように、広く弱小国を憐《あわれ》んでそれぞれ文化を進めさせるのが、国家の理想というものではないか。ただ人の国を征伐して、これを掠奪《りゃくだつ》し、苛斂誅求《かれんちゅうきゅう》して他の弱小国民を苦しめるだけならば、なにも国家をつくっている必要はないのじゃ。

山賊でも剽盗《ひょうとう》でもなんでもかまわぬ。勝手放題に切取《きりとり》強盗をすればよいのじゃ。いやしくも国家というからには、人間らしい道を踏み、天下後世に恥じない立派なものにしなければならない」

国家の梶取《かじと》りのしかたは、昔も今も変わっていない。

「国をはずかしめられたときは、たとえ国が滅亡しても正道をふみ、義をつらぬくのが政府本来の任務である。

しかるに平生には経済に関する協議ばかりをして、いかなる英雄豪傑が集まっているか知らないが、いったん血を流さねばならない危急にのぞめば、頭を一所に集め、ただ目前の安泰を願うのみで戦をひたすら恐れる。

政府の本来の任務をなしとげることができなければ、それは政府ではなく商法支配所というべきである」

頭山翁講話。

「自分らのふところ勘定ばかりして、国家民生のために尽くすの心がなかったら、それは政府でも何でもない。西郷さんが商法支配所といわれたのは適評じゃ。おのれを空《むな》しくして公に奉ずるの心がなければ、国家の政治ができるものではない。（中略）

勝海舟は幕臣中の切れ者であったが、維新のまえに九州を遊歴したとき、まず熊本の横井小楠《しょうなん》をたずねた。当時横井の名声は非常なもので、勝と対談すると雄弁滔々《とうとう》としてとどまるところを知らず、時勢、人物を論評してさかんにまくしたて、勝はおしまいまで一言も吐くことができなかった。

学問、識見、弁舌のいずれも聞きしにまさる大先生であると、勝はほとんど感服してしまった。

それから鹿児島へ下って、西郷南洲翁に会ってみると、横井とはまるで正反対で、自分から一口もきかずただ勝のいうのを、ハアハアと聞くばかり。しかたがないので、こんどは勝のほうが説法をする役回りになった。

さすがに勝じゃ。これはとても段ちがいの人物だと覚《さと》って、説法をするのと、説法をさせるのとでは千里の違いがある、とのちに人に語ったそうじゃ。ここになると天品と人品との相違じゃ」

国政を司《つかさど》る者は私心を捨て、一身をなげうつ覚悟ができていなければならないのである。

「恥を知らぬが畜生なり」

つぎは西郷の有名な持論をしるす。

「命もいらず名もいらず、官位も金もいらぬ人は、御《ぎょ》しがたいものである。しかし、この御しがたい人でなければ、艱難《かんなん》をともにして国家の大業をはかることができない。

こんな人は凡人、俗人に見出《みいだ》されることはない」

「武士は死しても名を残す」というが、武士は立派な最期を遂げることを常に念頭に置いていた。取り乱した態度をあらわし、逃げまどうような恥ずかしいふるまいはしなかった。

現代人を見ればどうか。

金をもうけ、手段をえらばず蓄財につとめた者がセレブリティなどといわれ、社会の代表のような顔をしてのさばっている。権力を持てば、それを金儲《かねもう》けに利用しようとする。悪事が暴露してもできるかぎり隠蔽《いんぺい》し、逃げまわり、事があかるみに出てはじめて、「しまった。やり損じたか」と臍《ほぞ》を嚙《か》む。

罪を軽減してもらうためには公衆の面前に土下座して詫《わ》びるなどは、たやすいことである。彼らに恥の観念はない。

近松門左衛門は浄瑠璃で、「町人になれば恥もない」という。町人、百姓であればさほど問題にもならない道義のうえの問題で、武士が切腹をしたのは恥を知っていたためである。

信長、秀吉の頃は、武士道という言葉はなく、武者道といわれた。戦国の武士は常に眼前から死の恐怖が去らず、そのため生死一如を説く禅宗が流行した。

臨済禅の教えのなかに「体は借り物であり、たとえ体が滅びつぶれても、自分は滅びない」という思想がある。自分自身は生死に関《かか》わりなく存在するというのである。そういう地点にまで行き着かないと、生き残れないのが戦国時代というものであった。

死が怖《おそ》ろしいのであれば、町人百姓になればよい。大坂夏の陣のとき、大坂城にたてこもった侍のうちには、脱走して僧侶、町人になった者も多かった。

当時、侍は渡り者という考えがあり、自由に主人をかえても恥ずべきことではなかった。だが侍には、侍畜生という言葉が厳然と存在した。「恥を知らぬが畜生なり」というのである。

侍畜生とは武勇と廉恥にもとるおこないをする者のことであった。

大東亜戦争のとき、南方の戦線で悪戦苦闘する日本陸軍の部隊と行動をともにしていた軍属が生還して語った。

「隊長が臆病《おくびょう》で部下を統率できない部隊は、傷病者をすべて置き去りにして逃げまわった。隊長が勇猛な部隊はかならず傷病者を連れて移動し、火力に勝る米軍にも恐れられる果敢な戦闘をしつつ後退した」

爆薬、食糧ともに窮迫した戦場で、侍と侍畜生は存在していたのである。

生死の瀬戸際に臨み、夜空の天体のように輝く人間性が武士道であった。

第５章

日本人の心となった「武士道」

徳川十五代二百六十余年の存続が残したもの

宝永（一七〇四〜一七一〇）年間に刊行された浮世草子のなかに『武道張合大鑑《はりあいおおかがみ》』というのがあり、そこにこう書かれている。

「上方の商人が武士の知行千石というのはたいへんな身分であるが、米一石のうち諸費用を引き、六斗を収入と見れば、千石で銀六十貫の年間収入である。私の家屋敷、商品をすべて売り払えば、銀二百貫目の価値がある。こちらのほうが実力があるという。しかし武士の収入は毎年千石で、十年のあいだに銀六百貫が懐に入る。町人の二百貫目の資産は、その身一代のみならず、五代、十代前も同様で、多くは減少しても利徳を得るのはまれである」

武士はやはり百姓、町人の手の届かない特権階級であるというのである。

幕府は家康の築きあげた封建制度を、できるだけ長く維持しようとした。戦国期のめまぐるしい波瀾《はらん》を見てきた家康は、全国の大名の配置にさまざまの工夫をほどこした。

尾張、紀州、水戸《みと》には御三家を置く。老中以下の幕閣の組織にも万全の策をほどこす。

それでも家康は徳川将軍家が十五代二百六十余年も存続するとは、思いもしなかったであろう。

家康は豊臣家を滅亡させたむくいが、いずれやってくると思っていた。そのため歴代将軍家に外様《とざま》大名取潰《とりつぶ》しをできるだけ多く強行せよと命じた。

取潰しをおこなうためのもっとも手近な理由は、領内の百姓が一揆をおこすことである。一揆に至らないまでも、越訴《おっそ》、強訴《ごうそ》などをおこし、騒動が幕府に聞こえるだけで、事情聴取にのりだし、領主の支配不行届きであるといいがかりをつけ、改易して所領をとりあげてしまう。

大名改易をもっとも多くおこなったのは、二代将軍秀忠であった。百姓は大名が改易されまいとして、領民懐柔政策方針をとるようになると、たちまち年貢減免を要求するようになった。

家康在世の頃は年貢の割合が七公三民とされていた。収穫の七割が領主に収められ、百姓はわずか三割を手許《てもと》に残すのみであった。

それは草莽《そうもう》出身で庶民の表裏を知りつくしていた秀吉が、石田三成に命じおこなわせた、「生かさず死なさず」という苛烈《かれつ》な税制であった。

このため百姓は「滅《へ》し児《ご》」をしなければ生きていけなくなった。せっかく生まれた嬰児《えいじ》を、涙をふるって圧殺するのである。いなかではつぎのような俚謡《りよう》がうたわれた。

〽菰《こも》で包んで縄かけて
前の小川へどんぶらこ
うえから烏《からす》がつつくやら
下から魚がつつくやら

収穫をしぼりあげられていた百姓たちは領主が一揆をおこされるのを恐れていると知ると、年貢減免の交渉を強行した。その結果、農民の労働成果の全剰余労働部分にまで及んでいた、七割の年貢率が、徳川幕藩体制成立後百年余を経た正徳二年（一七一二）には三割弱に下がった。幕府直轄地（天領）、旗本知行所をあわせ八百万石であったが、この年貢にも当然影響が及び、年貢率はおなじようになった。

幕府財産は、家康以来の遺産、鉱山収入、天領諸村からの年貢、その他の雑収入である。家康の遺産は莫大《ばくだい》なものであったが、明暦三年（一六五七）一月の振袖《ふりそで》火事で、江戸城と市街は、ほとんど全焼した。

このとき幕府財産は六百万両ちかくあったが、江戸城再建費用に約百万両をついやし、江戸の諸大名、旗本の屋敷、十万三千戸が焼けたという町家復興に貸し出した金額も、厖《ぼう》大《だい》であった。

この頃から大名、旗本の財政が急激に悪化してきた。年貢率がしだいに下がっており、親藩から幕府への拝借金も急増してきた。

江戸期初頭の金銀産出量収入は世界有数であるといわれた。寛永九年（一六三二）に秀忠が亡くなったとき、三代将軍家光がうけた遺金は二百五十万両強であった。

家光は日光東照宮を五十七万両を投じて造営し、天皇に謁見するため、三十万八千人という、当時のヨーロッパの大都市の人口にもまさる供を率い、上洛《じょうらく》するなど、莫大な金銀を費消した。

だが四代家綱が家光からひきついだ金銀は、家光が秀忠からひきついだ量をうわまわっていた。その財源は鉱山収入であった。

ところが、金銀の採取量は家綱の代から急減してきた。

延宝八年（一六八〇）五月、五代将軍綱吉が政治をはじめた。二十余年間も「生類憐《しょうるいあわれ》みの令」という世界史にも類のない悪法を実施した専制君主であった。

この頃、全国で米価安の諸物価高という武士階級の喉《のど》もとを締めあげるような経済現象がおこっていた。七公三民の税制下では、すべての生活用品を自給自足せざるをえなかった百姓たちが、三公七民になれば手もとに余裕金が残るようになった。

飢えないほどに食えるだけでありがたいという環境に甘んじていた彼らが、さまざまの欲望を満たそうとするようになった。

野良着《のらぎ》一枚で過ごしていた男女が、着物や帯がほしくなる。藁《わら》ぞうりをはくか、はだしで暮らしていたのが、下駄《げた》を買おうとする。布団を買いもとめると、蚊帳《かや》もほしくなる。食べものも、豆腐や納豆、魚を食べたい。

子供に駄菓子、大人は茶、酒をほしがる。夜は暗くなると寝ていたのが、灯油を買いもとめ、夜更かしをする。

庶民の欲望は豊かな暮らしにむかい、ひろがってゆくばかりである。全国に支店を置く大商人は、庶民の需要を常に掌握しつつ、多品種少量生産方式によって常に商品の高値を維持しつつ、販路をひろげていった。

商品の大量生産をおこなおうとしても、製造機構がきわめて貧弱なため、常に需要に追いつかない。

米は生活必需品であるが、一定量を満たせば余分は不要で、毎年の収穫高に大きな変動がおこることはめったにないので、値段がたいしてあがらない。

諸物価があがり、米価があまり変動しなければ、徳川幕府発足以来、米一石は金一両という基本価値によって、俸禄《ほうろく》を世襲してきた武士階級の生計が当然苦しくなってくる。外様大名取潰し政策が原因で、百年間に年貢高が激減した百姓が商工業者を富ませ、米以外の諸物価高が武士の首を締めあげる経済変動をもたらした。

百姓の暮らしむきが豊かになってくると、一生食わせてもらえばただばたらきをするという奉公人もいなくなってきた。このため、武士が中間《ちゆうげん》、小者《こもの》などを雇う財力に不足をきたすようになった。

綱吉が亡くなる頃、幕府の歳入は七十六、七万両。幕臣に与える給金が約三十万両、残余の四十七、八万両が一般経費にあてられることになっていた。

だが実際に必要とする一般経費は百四十万両前後で、年間百万両の赤字になっていた。この赤字を解消するためには、通貨を改鋳して含有金銀の量を減らしてゆくほかはなかった。

このような世情のなかで、急速に台頭してきたのが商人である。生産者から買いたたいて得た物資を、高価で消費者に売りつけ、莫大な利益を得て、短期間に巨大商人に成長する者がいた。

そのなかで日本第一の富豪といわれるようになったのが、三井家である。

「武士は食わねど高楊枝」の気風

三井家は、はじめ伊勢《いせ》松坂で質屋、酒、味噌《みそ》商いをしていた。

やがて江戸で呉服店を経営し、大利を得て慶安二年（一六四九）、松坂へ戻った。初代三井高利は松坂でつぎの事業をいとなむ。

一、紀州家をはじめ諸大名への金銀貸付
二、武士への小口貸付
三、百姓への貸付
四、米の売買

三井高利は高利貸で二十四年間を過ごし、延宝元年（一六七三）、五十二歳でふたたび江戸に出て呉服店をひらいた。京都には呉服仕入店を置く。

江戸でも大繁昌《だいはんじょう》で、同業者の妨害工作をうけたが、「現金安売り掛値《かけね》なし」の商法で、めざましい発展をつづけた。

そのいっぽうで金銀両替をおこない、江戸と大坂に両替店をひらき、幕府公金両替をおこなうようになる。

銀本位制の大坂、京都で商品を仕入れ、金本位制の江戸でそれを売りさばくには、両替商を通じ代金決済をおこなう必要がある。両替業務による収益は大きかった。

商売のなかで、高利貸をふくむ金融業がもっとも安全で有利であることを、三井家は知り抜いていた。

慶安年間から大名貸し、武家貸しという高利貸を資本蓄積の主要な手段としてきた三井家は、元禄《げんろく》期以降、それをひかえるようになった。大名に金を融通するのが、危険な状況に立ち至っていたからである。大名の財政が破綻《はたん》すれば、貸しつけた金銀は戻ってこない。

大名たちは幕藩体制に組みこまれている。政治権力に商人が対抗できるわけがなかった。大名たちは年利一割五分から二割の、当時としては非常な低利の借金返済をことわるようになった。

「お断り」と呼ばれる大名の借金踏み倒しをされて倒産した貸金業者は、享保年間（一七一六～一七三六）に五十家以上に達している。

「武士は食わねど高楊枝《たかようじ》」などと、侍のあいだに金銀を尊重しない気風が生じたのは、この頃からである。

侍たちは主人の大名から、額面通りの俸禄《ほうろく》を受けられなくなっていた。主家が窮乏してくると、何割かの禄を借りあげなどという名目で削られる。

しかも禄米の価格を、町人に自由に操作されるのである。町人たちは米の価格を値上げするため、現米を買いしめ、それを一度に売って暴落させ、相場の利益を得た。

両替商人が、金銀の交換相場を急に高下させ、売買差益を荒稼ぎすることもある。

太平無事の時代、武士は家計のやりくりに苦労するうち、富を積む商人をうとんじるようになった。


戦国期の侍は、金銀を軍資金と見て尊び、床の間に金櫃《かねびつ》を安置する武将もいたが、徳川時代には利欲に駆られた商人が掻《か》きあつめる、不浄のものとさげすむようになった。侍は生活に窮していたが、賄賂《わいろ》をとったり、役得を狙う者が意外にすくなかったといわれる。それは武士の誇りがあったためである。

徳川期の侍は、本音と建前をつかいわけ、生きのびてきた。彼らは先祖代々うけついできた家禄によって、生活をいとなんできた。禄は主人から与えられる。

侍たちは、三百諸侯といわれ、日本を大小二百九十余の領地に分けた大名の藩に属していた。そのほかに旗本五千数百家があった。彼らが旗本八万騎と呼ばれたのは、戦時に際して家の子郎党と呼ばれる若党、中間、下人をそれぞれ率いて出陣すると、八万の軍勢になる規定があったためである。

侍の家禄は、大藩の家老であれば五万石をうける、陪臣でありながら実質は大名同様の者もいたが、おおかたは五石、七石、十石などの小身者であった。彼らの生活は当然きびしく、内職の収入によって不足の費用をまかない、屋敷うちを開墾して米、粟《あわ》、野菜を栽培し、自給自足をしてきた。

徳川幕府は二百六十余年つづき、その間に二百万人いたといわれる武士の家庭では、大企業の創業者、あるいは世界的な大学者、大政治家になりうる資質をそなえた人材が生まれても、一定の狭苦しい藩政の枠組みのなかで、なすこともなく生涯を過ごし、世を去っていった。

愚鈍な藩主、暴戻な上司のもとにあっても、彼らは藩を去れば浪人として貧窮の底辺に消え去らねばならない。

下士の内職は、杉檜《ひのき》の膳《ぜん》箱、元結《もとゆい》に用いる紙糸、下駄《げた》、傘、提灯《ちょうちん》、戸障子などをこしらえ、本職をうわまわる精緻《せいち》な技巧をあらわす者もいた。海浜に面した藩であれば、下士たちは船をつくり、漁をいとなみ、貨物の運送をおこなう。

このような武士社会を嫌い、他国へ出奔し、勉学して立身しようと願っても、島国の日本から海外へ渡航することは厳禁されている。鎖国のあいだに、どれほど有為の人材が陽《ひ》の目を見ることなく埋もれていったことか。

身分の固定化と貧窮のあいだに、武士道精神は消えうせてしまったか。二百六十余年にわたる太平の世に鬱屈《うっくつ》していた侍たちが、社会の指導者にふさわしい知能と気力を失わなかったことで、まもなくおとずれる開国の時期に、社会を一変させる原動力となることになった。

西欧文明と武士階級

幕末になって、中国がアヘンを大量に売りこもうとするイギリスとアヘン戦争（一八四〇〜四二）をおこし、近代兵器の前に屈服すると、全国諸藩の有識者は西欧文明の導入を急ぎはじめた。幕府が長崎の豪商で砲術家の高島秋帆に、武蔵《むさし》徳丸原で西洋式砲術調練を許可した。長崎に近い西南雄藩のうち、もっとも早く鋳鋼の砲をつくるための原材料である鉄を大量生産する反射炉を建設したのは、佐賀藩であった。

薩摩《さつま》藩二十八代藩主島津斉彬《なりあきら》は、領内の金鉱脈、石炭の発掘に外国の掘鑿《くつさく》法を用い、水車を動力とした紡績所を建設する。さらに佐賀藩が先鞭《せんべん》をつけた反射炉の図面をもらい、嘉永《かえい》五年（一八五二）から安政三年（一八五六）までかかって、八万余斤の溶鉄を製造する反射炉をつくりあげた。

佐賀藩は銑鉄を外国から買いいれていたが、薩摩藩は銑鉄をつくる溶鉱炉もつくった。鉄製砲の砲身をつくる鑽開台《さんかいだい》をつくり、洋式銃砲の大量生産をはじめた。

斉彬は蒸気船製造、地雷、水雷の製造もはじめ、「薩摩切子《きりこ》」「紅ビードロ」で知られたガラス製品の製造をもおこなう。

このような西洋文明をとりいれるために、語学、経済学、医学、物理化学を学ぶ秀才青少年が、各藩で抜擢《ばってき》され、長崎へ遊学して懸命の勉強をはじめた。

斉彬は外国貿易を振興し、その利益で蒸気船を購入する。西欧の工業を学ぶため、イギリス、フランス、アメリカの三国に、幕府にことわりなく留学生を十人ほど派遣するという方針を実行しようとした。フランスから年間五千挺《ちょう》から七千挺ほどを生産できる小銃製造機械を購入し、幕府をはじめ諸藩に数十万挺を売りさばく。

その利益によって、薩摩藩の軍備をととのえるのである。このような西欧文明を吸収するために、抜擢された若い藩士はすべて軽輩下士であった。

上士の子弟には外国語を駆使しておこなわねばならない、困難な学問に堪える精神力がなかった。高禄《こうろく》をうけているので、苦労しないでも生活には困らない。全国諸藩の事情は同様であった。下士のなかから時代を先導する英才が出てきた。

勝海舟は幕府御家人《ごけにん》で、家禄四十一石余、生活は困窮をきわめていた。父親の勝小吉は気骨のある剣術遣いで、達者なときは放蕩《ほうとう》のかぎりをつくし、嘉永三年（一八五〇）、四十九歳で病没するまで無役であった。

海舟は親戚《しんせき》の男谷《おたに》信友の道場にいて、直心影《じきしんかげ》流免許皆伝をとり、さらに同流島田虎之助の門人となり、免許皆伝となった。

はじめは剣術の師範として、ほうぼうの屋敷へ出稽古《でげいこ》にいっていたが、徳丸原で高島秋帆の演習がおこなわれた頃から、剣術よりも西洋兵術をやらねば時代遅れになると考えるようになった。

だが蘭学《らんがく》をはじめるにも金がかかる。薪を買う金がなくて、天井板から羽目板までまくって燃やしたというほどの貧乏御家人が、蘭学をはじめたのは天保十四年（一八四三）頃といわれている。

はじめは幕府天文方につとめる作州津山藩の蘭方医、箕作阮甫《みつくりげんぽ》に蘭学入門を申しいれてことわられ、黒田藩士永井青崖《せいがい》の弟子となった。永井は親切な師匠で、さまざま便宜をはかってくれたが、幕閣保守派の鳥居耀蔵《ようぞう》が蘭学を排斥していたので、海舟は剣術出稽古の職を失い、幕府から禁足を命じられるようになった。

海舟は青崖のもとでオランダ語の文法を習い、夜中に外出して、その教えを乞《こ》う。

そのうち厩《うまや》同心の都甲斧太郎《とこうおのたろう》に学んだ。

都甲斧太郎は幕府馬医で、オランダ文献をしらべ、馬の不治の病とされた馬脾風《ばひふう》、石痳《せきりん》などの難病を治療したので、諸藩の依頼があいついだ。それで朋輩《ほうばい》の嫉視《しっし》をうけ、早く隠居させられた人物である。

斧太郎は「蛮社の獄」で弾圧をうけ自殺した小関三英、高野長英から蘭学の伝授をうけた、きわめて高度の能力をそなえた蘭学者であった。

貧窮のどん底にいた海舟が蘭書を売っている店に出かけ、金がないので店先で立ち読みしていると、渋田という北海道の商人が声をかけてきた。永代橋辺りの旅宿でゆっくり話をして別れたが、二、三日して渋田が勝の家へきた。母は病床についており、家内には破れた畳が三枚あるだけで、天井板は全部薪にしていた。

渋田は昼におごったそばを食べ、話しこんだ。夕方になって帰りがけに二百両を懐から出していった。

「これはわずかの金でござんすが、蘭書をお買いの際に、お使い下さいませ」

海舟が茫然《ぼうぜん》としていると、渋田は遠慮せず使ってくれという。

「お気になさるのであれば、あなたがめずらしい書物を買い、お読みになったあと、それを私に送って下さればなにより結構です」

渋田は罫紙《けいし》を買う金もないと察したのか、大束のそれをくれた。


当時蘭学の学徒が、見る機会を得ることさえ稀《まれ》で、宝物のように尊んだという蘭和対訳辞書『ヅーフ・ハルマ』三千ページ、語数九万余、五十八巻があった。

この蘭和辞書はオランダ人フランソワ・ハルマの編纂《へんさん》した『蘭仏辞書』(一七一七年アムステルダム発刊)をもとにフランス語を日本語にかえたものである。

オランダカピタン(商館長)、ヘンデレキ・ヅーフが長崎通詞十一人と協力して、文化八年(一八一一)から天保四年(一八三三)まで二十三年をかけ完成した。

幕府はこの辞書を『御用紅毛辞典』と命名し、原本を長崎オランダ通詞部屋に一部、江戸天文台に一部、幕府奥医師桂《かつらがわ》川甫周法眼《ほしゅうほうげん》のもとに一部を置き、公刊を許さなかった。

海舟はたまたまある閣老の深川下屋敷に原本一部が預けられていると知り、人を介して筆写させてほしいと頼み、許可された。

佐久間象山《しょうざん》ら蘭学者が誰も実行できなかった筆写をはじめたのは、弘化四年(一八四七）の秋であった。

彼は赤坂田町の家から、原本のある閣老の深川下屋敷まで毎晩通い、筆写して夜明けがたに帰ってくる。

当時、海舟は蚊帳《かや》もなく、冬に布団もない。勉学に疲れると机にもたれて寝るのみである。困難きわまると、かえって感激を生ずと海舟はいい、一年かけて『ヅーフ・ハルマ』二部を筆写し、一部を売って生計の足しにした。

「ワシなどは元来トンと望みがなかったものだからネ。貧乏でねェ。メシだって、一日に一度位しか食べやしない。それで十分だもの」

海舟は貧乏のなかで、あがきまわるようにして蘭学を身につけた。陋屋《ろうおく》で蘭学塾をひらき、鉄砲、大砲の製造、砲台の設計の仕事を蘭書にもとづいておこなううち、生活苦からようやくぬけだした。

彼が安政二年（一八五五）一月、幕府蕃書《ばんしょ》翻訳御用を命ぜられたのは、黒船来航以降、幕府が海防についての意見を、諸大名、幕臣に徴したとき、海舟の提出した「海防愚存書」が、要路者の目にとまったためであった。

信濃《しなの》松代藩士佐久間象山は下士の出身であったが、漢学者として佐藤一斎門下で名をなし、天保十年（一八三九）、二十九歳で江戸神田お玉ヶ池に象山書院を経営し、名声が高かった。

だが天保十三年（一八四二）、主君真田幸貫《ゆきつら》が海防掛老中となったので、主命により海外事情の研究をはじめた。

まず伊豆韮山《いずにらやま》代官で西洋砲術の大家といわれた江川坦庵《たんあん》に入門し、さらに幕府砲術師範下曾根《しもそね》金三郎に師事したが、成果を得なかった。その後、主君幸貫は海防掛から勝手掛に転任したので、象山も海外研究の任を解かれた。

だが、象山は蘭学の勉強を本格的にはじめた。天保十四年（一八四三）、三十四歳からの晩学であったが、蘭学者黒川良安に漢学を教え、自分は蘭学を習う交換教授をはじめ、文法をふつうは一年かかるところを二カ月で習得。八カ月で原書が読めるようになった。

オランダ百科辞典によりガラスを製造し、チールケの兵書、カルテン・ペウセルの砲術書によって、松代藩のために、大砲六門を鋳造した。

嘉永二年（一八四九）、一歳の次男に種痘をほどこす。翌年秋から象山は松代藩深川藩邸で砲術指南塾をはじめ、江川坦庵に比肩する大家となった。

このように武士階級のうち困苦に耐えうる向上心をそなえた諸国の下士が、西欧文明の研究に激しい意欲を燃やすようになった。

「国を憂う」ということ

吉田松陰は長門国萩《ながとのくにはぎ》藩士杉百合《ゆり》之助の次男として生まれた。百合之助は二十一石の下士である。松陰は六歳のとき、叔父大助が病死したので、その養家吉田家のあとを継ぐことになった。

吉田家は萩藩の山鹿《やまが》流兵学師範を代々つとめている。松陰は十一歳で第十三代萩藩主毛利敬親《たかちか》のまえで、御前講義をした。敬親は松陰の学才を愛するようになった。

松陰は、嘉永《かえい》元年（一八四八）、十九歳のときから、藩校明倫館教授となった。中国がアヘン戦争に敗北し、香港《ホンコン》を割譲させられてから六年が過ぎていた。

英米の軍艦が浦賀、長崎に来航したのは嘉永二年（一八四九）。同三年にはオランダ側から米艦隊が近いうちに、開港要求のため日本にくるとの情報がもたらされた。

松陰はそのような海外事情を耳にしても、藩主に信頼され、旧態依然たる山鹿流兵学を講じておれば、萩藩での出世の階段を登ってゆくことができる。だが、彼は兵学者として西欧の戦術を漢訳書などにより、できるだけ知ろうと、懸命の努力をはじめる。

西欧の戦術を知ると、ただちにその通り演習を試みた。藩重役益田弾正を総大将として、大砲数門を用いる大規模な演習をおこなったが、旧式兵器を使っていては、実態がよくつかめない。

松陰はそうなるとじっとしていられなかった。嘉永三年（一八五〇）八月、許可を得てはじめて藩外に出て、長崎、平戸、熊本を周遊した。彼は平戸藩にもっとも長く滞在し、すぐれた科学者、実践を重んじる陽明学者によって影響をうけた。

平戸、長崎では、アヘン戦争がおこるに至った世界情勢の変化を記した漢訳、和訳の書物が多く入手でき、日本の国防の前途を深く考えるようになった。

彼は熊本の兵学者宮部鼎蔵《ていぞう》ら数多い同志を得て、百二十余日の遊学を終えた。

松陰は夏蜜柑《なつみかん》の木の茂る静かな萩城下で、明倫館教授をつとめておれば、ひとにうらやまれる生活を送れる。だが彼の体内に憂国の情熱が、火の塊のように燃えさかるようになった。

三百ちかい数の藩のうちで、三十七万石の萩藩は大藩であるが、外国から艦隊が開国を要求してきても、その応対にあたるのは幕府であった。

はるか遠い江戸で幕府がアメリカとの交渉に苦慮しても、萩に直接影響が及ぶわけではない。徳川幕藩体制を支えているのは二百万人といわれる武士であり、勇猛な彼らがたやす外夷《がいい》の侵略をゆるすわけはない、と松陰が考え、平和な生活をつづけていても当然の世のなかであった。

何事でも幕命をうけず、さきがけておこなう者は、安寧秩序をみだしたとして処罰される。

だが松陰はアジア諸国が欧米列強に侵略されている実状を知ると、日本の将来を憂慮せずにはいられない。

嘉永四年（一八五一）三月、松陰は参覲《さんきん》のため江戸へ出発する藩主一行に随行の許可をうけ、江戸に出ると、高名な学塾に出入りして勉学につとめ、オランダ兵学者佐久間象《しょう》山《ざん》から今後の海防策についての、強烈な示唆をうけた。

やがて松陰は萩藩校教授の地位をなげうつような行動に出た。同志宮部鼎蔵とともに、東北遊歴の旅に藩の許可をまたず、十二月十四日出発したのである。

当時ロシアの船が北方の海に出没していたので、東北地方の海岸の防備状況を実見するため、彼は許可が下りるのを待ちきれず脱藩の罪を犯してしまった。

百四十日間の東北遊歴を終えた松陰は、脱藩の罪で藩士の身分を剝奪《はくだつ》され、実家の杉家で謹慎を命じられた。

藩主敬親は松陰の才を惜しみ、再起させるために、十年間の諸国遊学を許可し、松陰は嘉永六年（一八五三）正月二十六日、ふたたび江戸へむけて出発し、途中諸国の同志をたずねた。

松陰が江戸へ出て数日後の六月三日、彼の運命を大きく転換させる事件がおこった。アメリカ東洋艦隊司令長官ペリーが、四隻の艦船を率い、浦賀沖に碇泊《ていはく》し、さらに本牧《ほんもく》沖に入りこみ、浦賀奉行にアメリカ大統領の国書を渡し、来春回答を求めにくると告げ、十二日に去っていった。

アメリカは日米和親条約をむすび、開港通商をおこなうことを求めてきた。幕府はオランダからかねて警告されていたが、何の外交、軍事の用意もしていなかったので、うろたえるばかりで、アメリカ側の軽侮を招いた。

松陰は象山に従い、浦賀におもむき、アメリカ艦隊を海岸から実見した。二隻は蒸気船、二隻は帆船で、それぞれ砲二十数門を積み、砲口を陸地にむけている。

蒸気船の長さは四十間（約七三メートル）もあり、その巨体を見れば彼らの侵略を防ぐには陸戦のほかはないと思わざるをえない。

松陰は士籍を奪われていたが、藩主敬親に、自分の意中を上書した。敬親は匿名の上書を見て、大いに感動した。

佐久間象山は、幕府勘定奉行川路聖謨《としあきら》に、優秀な人材を十数人、オランダ船で海外へ留学させるべきであると進言した。

国難を眼前にして、海外事情を実見せず、書物によって知るだけでは隔靴《かっか》搔痒《そうよう》の歎《なげ》きを禁じえない。象山は川路から外国へ派遣する秀才の姓名を報告せよといわれ、数人の姓名を列挙したが、そのなかに松陰の名があった。だが結局幕府は留学生派遣を実行できなかった。

松陰はわが身が破滅の危険にさらされても、海外渡航の計画を実行したい。象山は、七月にロシア軍艦が長崎に来航し、長崎奉行所を通じ幕府へ送った和親条約の回答を待ち、碇泊しているのを松陰に告げ、一策を与えた。

「アメリカへ漂流した土佐の漁師万次郎という者が帰国し、近頃幕府通詞として召し抱えられた。海外渡航をするには、漂流という名目をとればよい。

いま長崎にロシア軍艦がきているので、その艦に漂着するというかたちで乗りこみ、中国から外国汽船に乗って欧米へむかえばよかろう」

松陰は九月十八日に江戸を立ち、長崎にむかった。

ロシア軍艦は松陰が到着する二日前に長崎を出港しており、計画は失敗に終わった。

松陰はこの旅行の途次、諸藩有志者と懇談した。その数はおびただしく、将来大規模な政治行動をおこすまえの準備であったと思えるふしもある。

松陰は十二月二十七日に江戸に帰った。翌安政元年（一八五四）正月十六日、ペリーは船艦六隻（のちに一隻加わる）で江戸湾に入り、神奈川沖に投錨《とうびょう》した。

幕府はペリーの強硬な要求に対する回答を延期しようとしたが、ついに三月三日、日米和親条約を締結した。松陰は同志金子重之助とともに神奈川へおもむき、米艦に乗りこむため、象山の協力を得てさまざま努力をしたが果たせなかった。

そのためアメリカ艦隊の寄港地下田へむかい、三月二十七日夜、旗艦ポウハタン号に乗りこんだが、アメリカ側は頼みをうけいれず、海岸へ送り返した。

二人はやむをえず下田番所へ自首し、江戸に送られ、小伝馬町の牢屋《ろうや》につながれていたが、秋になって国元に蟄居《ちっきょ》の判決をうけ、萩に送還された。金子重之助は、安政二年（一八五五）一月、獄中で病死した。

松陰がはいっていたのは、萩城下の野山獄であった。彼はそこに一年二カ月いるあいだに、兄、友人たちからさしいれられた歴史、地理、伝記、兵学、医学、政治、道徳の本六百二十冊を読み、そのすべてを抄録した。

野山獄にはほかに十一人の囚人がいた。もっとも老齢者は五十年ちかく入獄しているという七十六歳。いちばん若い人が三十六歳であり、二十六歳の松陰よりははるかに年上で、はじめは近づいてこなかった。

だが囚人たちは長い刑期のうちに心がひがみ、毎日ぐちばかりいって暮らしていたが、松陰が熱心に読書、記述に日を送っているのを見るうちに、なにか教えてほしいと頼むようになった。

松陰が盗賊改方杉百合之助の次男で、藩校で兵学教授に任ぜられ、国禁を犯して海外に出ようとして囚人となった、これまでの経緯を同囚はすべて知っていて、敬遠していたが、彼の行動を見るうちに接近してきた。

松陰は新入りの囚人としてさまざまの雑務を熱心におこない、実家から食物を送ってくれば皆にふるまう。皆と同様に不平不満を口にせず、他の獄にいた金子重之助が病死すると、毎日の食事から汁、菜をはぶき、その料金をため二百五十文をつくり、遺族に石の花筒を贈った。

そのような行動を見ていた同囚が、松陰に教えを乞《こ》うに至った。松陰は夜間、孟子《もうし》の講義をはじめ、二カ月間で終了すると、つづいて孟子の輪講会を三十四回おこなった。ほかに日本外史の講読をもおこなう。

やがて牢役人の福川も弟とともに松陰の弟子となり、夜間の講義に灯火をふやし、自分も廊下に坐《すわ》り、熱心に聴講した。

福川は松陰のために自分が罪をこうむってもかまわないと心をきめ、さまざまの便宜をはかった。やがて松陰のような有為の人材を、入獄させておいてはいけないという意見が出てきたので、藩庁は安政二年十二月末に野山獄から杉家へ帰した。

松陰の家族、親戚《しんせき》は、国を憂うるあまり狂気のような行動をとりつづけ、出世の階段から転げ落ちるような向こうみずのふるまいをした彼を、まったく咎《とが》めず、その真意を理解し支持してきた。金銭万能の現代人が見れば、ばかとしか思えない人々である。

一命を絶って自らの志を示す

一年二カ月にわたる野山獄から帰宅した松陰は三畳半の部屋で謹慎する。父、兄、親戚《しんせき》の人々は、松陰が獄中で講義をした孟子《もうし》の残りを聴講した。

安政三年（一八五六）正月、松陰はひさびさに平穏な二十七歳の春を迎えた。松陰の生涯で、学究としてもっとも平和な二年半の時期がはじまった。

松陰は毛利家の臣であり、主家につくすことを心がけている。毛利家は天皇の臣下であるので、毛利家につくすのは、天皇につくすことだと彼は考えていた。

だが頼朝が幕府をひらいてのち六百年が過ぎたが、幕府も毛利藩も天皇に忠義をつくさなかった。藩主にこれまでの行動を反省させ、幕府にも天皇につくさせねばならない。松陰はそうするために、自分が微力であるが、努力を怠ってはならないと覚悟をきめていた。

「いま謹慎の身である私には、幕府、藩主に朝廷を軽んじた罪を諌言《かんげん》する力はない。しかし、このまま生を終えても、あるいは首を斬《き》られるような目に遭っても、私の志を継いでくれる者を残し、私の赤心が世にうけいれられる日がくるのを信じている」

松陰は、萩《はぎ》城下に蟄居《ちっきょ》していても、わが志をうけついでくれる者を教え育成し、かならず自分の志を世間にひろめる日がくると信じていた。

わが社会的地位をなげうち、命までも失うかも知れない幕政批判の道に歩みだした松陰の心境をあらわす歌がある。

かくすればかくなるものと知りながら
　已《や》むに已まれぬ大和魂

この歌は松陰の辞世ではなく、密出国に失敗し、下田から江戸へ護送される途中、高輪泉岳寺の前を通ったとき、赤穂《あこう》義士に捧《ささ》げたものである。

この歌には松陰の魂がこめられている。彼は山鹿《やまが》流兵学者の小さな枠をふり捨て、欧米列強が押し寄せ、侵略するであろう祖国を護《まも》るため、幕藩体制を改善させ、挙国一致の新体制をとらねばならないと、常識の範囲を逸脱した革命家の道を歩みだしたのである。

彼が外部に及ぼすべき力は、わが体内に燃えている信念の炎を、あとにつづく他者の体内に移すよりほかにはなかった。

杉家の東方半町のところに、叔父玉木文之進がひらいた学塾があった。文之進は藩務に追われるようになり、親戚の久保五郎左衛門があとをうけ、松下村塾と名づけた。

久保は松陰に塾の後継者になるようすすめた。塾生はたちまちふえてきたので、塾の小屋を修理し、八畳間をふやした。

だが塾生を収容しきれなくなったので、萩城下で古家を買い、松陰と塾生が協力して屋根をふき壁を塗り、天井板を張って十畳半の部屋を建て増す。

松陰は塾生たちに、塾で学んだ知識を国家のために役立てねば、国難を凌《しの》ぐことはできないといった。

「君は何のために学問をするのか」

松陰に聞かれた塾生が答える。

「字をよく知らぬので、本をよく読めるようになりたいのです」

松陰はたしなめた。

「君は学者になるのではない。学んだことをいかに実行するかが大切なのだ」

門人の数は五十人ほどであった。毎日勉強にくるのは十四、五人から三十人で、坐《すわ》るところもなくなる。塾に泊まりこんで勉強する者もいた。

久坂義助（玄瑞《げんずい》・禁門の変で戦死）、入江九一（禁門の変で戦死）、高杉晋作《しんさく》（長州諸隊を編成、第二次長州征伐の幕軍を撃退したのち病死）、吉田稔麿《としまろ》（池田屋騒動で討死《うちじに》）、伊藤俊輔（のちの博文）などの英才を輩出した。

松陰が夜を徹して彼らと語りあった部屋は畳二枚を縦に並べており、師弟はたがいの呼吸を通わせながら、今後なにをなすべきかを議論したのである。

やがて安政五年（一八五八）十月、大老井伊直弼《なおすけ》の指揮のもと、反幕府公卿《くぎょう》、志士らを一斉に処分する安政の大獄がはじまった。

松陰は反幕派ではなかったが、このときに至って公卿大原重徳を長州に下向させ、藩主を勤皇軍の首領として、決起するよう要望した。彼はその策が藩にうけいれられないときは数十人の同志とともに、在京の幕府老中間部詮勝《まなべあきかつ》を倒し、勤皇の先鞭《せんべん》をつけると藩庁に申し出た。

藩執政は松陰が過激の行動に走るのを恐れ、彼をふたたび野山獄に拘禁した。松陰は事をおこなうに性急で、ひたすら死を急いだ。

安政六年（一八五九）五月二十五日、松陰を江戸へ檻送《かんそう》せよとの命が幕府から届き、二十六日、梅雨のなか萩を出発し、七月九日、江戸町奉行所に着いた。

奉行はただちに取調べをおこなう。

「そのほうは梅田源次郎（雲浜《うんぴん》）と密謀を企てしことはなきか」

「ありませぬ」

「そのほうは御所内に落し文《ぶみ》をしたことはなきか」

「断じてありませぬ。私は大丈夫なれば、さような影暗きことはいたしませぬ」

幕府の訊問《じんもん》は、先に牢《ろう》入りしていた梅田雲浜との交流にかかわるものであった。

そのまま沈黙しておれば、入牢を命ぜられることもなかったが、自ら告白した。

「しかれども私にはほかにいうべきことがあります。書を大原三位にいたし、わが藩に召し下し、もって藩主を論諫せんと欲しました。またそのこと成らざるゆえ、間部老中要撃の策をたてました」

奉行は思いがけない自白におどろき、叫んだ。

「大胆はなはだし、覚悟しろ。吟味中揚屋《あがりや》入りを申しつける」

松陰が重大な自白をしたのは、幕府要路者が彼の言葉によって今日の急務をさとり、なんらかの措置をすれば、死んでも本望と考えたのである。

何の措置もとらないでも、松陰の赤心を理解し死を命ずれば、死んで光彩をのこすものである。また酷烈の処置に出て、みだりに親戚朋友《ほうゆう》を連坐《れんざ》させれば、いうに忍びないことではあるが、世上の惰気をはらうことができる。

自ら命を捨て、あとにつづく者を鼓舞する行動をとったのである。町奉行は彼を流罪として老中に起案したが、大老井伊直弼は死罪を命じた。

松陰は十月二十日、萩の父兄につぎの書信を送った。

「平生の学問浅薄にして、至誠天地を感格する事出来申さず、非常のここに立至り申し候。さぞさぞ御愁傷《ごしゅうしょう》も遊ばさるべく拝察つかまつり候。

　親思う心にまさる親心
　　きょうの音ずれ何ときくらん
　　　　　　（下略）」

松陰は十月二十七日朝、断首の刑に処された。彼の死は長州の志士を奮起させ、維新回天の事業を成功させる原動力を与えた。

渋沢栄一が考えた「武士道精神」とは

明治維新ののち、新政府が欧米の政治経済の機構をとりいれるようになった。日本には銀行もなければ会社もない。銀行という名称もなければ、株式会社という名称もなかった。新政府であたらしい経済組織を日本に根づかせた中心人物は、旧徳川幕府の家臣渋沢栄一であった。

銀行と名づけたのは栄一である。金行にするか否か迷ったという逸話もある。株式会社ははじめ合本《がっぽん》組織と呼ばれた。資本をひろく公募するため、資金を集める意味で合本という言葉が考えだされた。それが株式会社に変わった。

栄一は運命がさまざまに変転した人物である。武州榛沢《はんざわ》郡皿洗島（深谷市）の豪農の家にうまれた。渋沢家は農業とともに養蚕《ようさん》をおこなういっぽう、藍葉《あいば》を買いいれ、藍玉をこしらえ紺屋に売る。

栄一は少年の頃から藍玉の売買にたずさわったので、商才を養うことができた。渋沢家は幕末には年間一万両の藍玉売買をしたという記録があるので、かなり大手の商人であった。彼は文久元年（一八六一）春、二十二歳のとき江戸へ遊学し、儒学、剣術を学んだ。千葉周作の道場玄武館で剣術稽古《けいこ》をするうち、親戚《しんせき》、知友とともに高崎城を乗っ取り、城内の武器を奪い、横浜の外人居留地を焼き払う計画をたてた。当時さかんであった攘夷《じょうい》論に熱中したためであったが、幕府役人に偵知され、計画は中止した。

だがいつ捕縛されるか分からない状況になったので、かねて儒学塾で知遇を得ていた一橋慶喜《よしのぶ》の用人平岡円四郎のところへ相談にいった。平岡は文久三年（一八六三）九月、一橋慶喜が将軍後見職として京都へのぼるので、平岡の家来としてついてこいとすすめた。

攘夷志士が一転して慶喜の警固役となったが、理財の才に長じていたので重宝がられ、慶応元年（一八六五）秋には勘定組頭となった。

慶喜が慶応二年末に将軍になると、栄一は幕臣となったが、翌慶応三年（一八六七）一月、慶喜の弟徳川昭武に従い、ナポレオン三世がひらくパリ世界博覧会出席のためパリにむかった。

昭武はその後現地に滞在、留学する予定であったので、莫大《ばくだい》な留学費用の管理をするため、経理に明るい栄一が抜擢《ばってき》されたのである。栄一は明治元年（一八六八）十一月三日、昭武に従い帰国した。幕府が崩壊し、新政府が王政復古を実現したためである。

栄一は帰国すると駿府《すんぷ》藩勘定組頭となった。彼はフランスを中心に西欧諸国を歴訪し、はじめて近代文明を眼《ま》のあたりにした。

大造船所、鉄道、紡績、製鉄、製紙など無数の大工場、パリのガス灯、上水道、カランをひねると湯が出る仕掛け、大病院など、あらゆる施設が、個人の財力ではとてもできない巨大資本により実現したことを知る。

彼は現地の銀行家に、預金の種類を教えられ、さらに証券取引所で、実際に昭武の滞在費として幕府から送られた資金を運用し、利益を得た。

明治二年(一八六九)、栄一は静岡で日本最初の株式会社である「商法会所」を設立し、商品売買で利益をあげた。政府はその噂《うわさ》を聞くとただちに、彼を「大蔵省租税正《そぜいのかみ》」に任命。

栄一は明治六年(一八七三)まで、あらゆる新制導入のため粉骨砕身の努力をつづけ、大蔵大臣の椅子《いす》を目前にして、退官、第一国立銀行の総監役になった。

栄一は昭和六年(一九三一)に永眠するまで、財界に大きな足跡をのこし、彼が設立した大企業は五百を超えるといわれる。

彼は晩年になって、自分の心境を語ったことがあった。

「私が実業界に入ったのは、財産をこしらえようとか、栄達して世に名を知られようと考えたためではない。私ははじめ大蔵省にいたが、世情はまったく官尊民卑で旧幕時代とくらべ、商業道徳はまったく変わっていなかった。

　このような状態で諸外国と交誼《こうぎ》をむすび、通商を交わせば、商業道徳の低さを世界に喧《けん》伝《でん》するようなもので、是非一新しなければならない。私はこの目的のために実業界に転身した」

　新開地で町づくりをすれば、はじめはさまざまの商売を独立させ、分業させられない。呉服、荒物、日用品などを一手に商う店が必要になる。

　明治期になって西洋文明をうけいれた日本は新開地のような状態で、栄一は商業、運輸、保険、工業のさまざまの事業の育成をひきうけることとなった。

　彼は東京、大阪の有力な商家に協力させ、為替会社、商社、開墾会社などを創立させたが、当時の商人につき、つぎのように語っている。

「東京、大坂の商業家とも時々面会して、業務上について種々談話もしてみたが、旧来卑屈の風がまだ一掃せぬから、在官の人に対するときにはただ平身低頭して敬礼をつくすのみで、学問もなければ気象もなく、新規の工夫とか、事物の改良とかいうことなどは毛頭思いもよらぬ有様であるから、自分は慨嘆のあまり、現職を辞して全力をふるって商工業の発達をはかろうという志望をおこしたのであります」

栄一は株式会社をおこすにあたり、もっとも有力な味方として重視していたのが、士族であった。

彼はつぎのように語ったことがある。

「武士道の神髄は正義、廉直、義侠《ぎきょう》、敢為《かんい》(難事を断行すること)、礼譲の美風を加味したもので、一言にしてこれを武士道というが、内容はなかなか複雑な道徳だ。

この日本の精華である武士道が、古来もっぱら武家社会で重んじられ、商人は殖産功利にはしり、その気風がはなはだ乏しかったことが残念でならなかった。

昔の商人、職人は武士道を誤解していた。正義、廉直、義侠、敢為、礼譲などにこだわっていては、商売をやっていけないと思い、『武士は食わねど高楊枝《たかようじ》』というような気風は禁物であるとしていた。

旧幕時代の商人の気風はそれで通用したかも知れぬが、世界と貿易をおこなうようになって、商工業者に道徳はいらないなどというのは、とんでもないまちがいであることが分かってきた。

封建時代において、武士道と殖産功利の道はちがうものだと思われていたのは、儒者が仁と富とはならびおこなわれないもののように考えていたのと同様の誤りであり、両者は一致するものであるという事実は、現代の世人が理解しているところである。

孔子はいっている。

『富と貴とはこれ人の欲するところなり。その道をもってせずしてこれを得れば処《お》らざるなり。貧と賤《せん》とはこれ人の悪《にく》むところなり。その道をもってせずしてこれを得るも去らざるなり』とは、まことに武士道の神髄である正義、廉直、義侠等に適合するものではあるまいか。

孔子の訓《おしえ》において、賢者が貧賤に処してその道を易《か》えぬというのは、あたかも武士が戦場で敵にうしろを見せない覚悟とおなじことで、またその道をもってするにあらざれば、たとえ富貴を得ても、それをわがものにしないというのは、これもまた武士の意気地とおなじ心境である。

富貴は聖賢もこれを望み、貧賤は聖賢もこれを欲しなかった。ただ聖賢は道義を本として富貴貧賤を末としたが、日本の商人は富貴貧賤を本とし、道義を末とするようになっていた。誤解もはなはだしいところである。

この武士道は、儒者とか武士のあいだでのみおこなわれるのではなく、文明国における商工業者の、よりてもって立つべき道もここに存在すると考える。（中略）

およそ人としてその処世の本旨を忘れ、非道をおこなっても私利私欲をみたそうとしたり、権力に媚《こ》びへつらってその身の栄達をはかろうと欲するのは、実に人間行為の標準を無視したもので、そのようなことは決してその身、その地位を永遠に維持するための道ではない。

いやしくも世に処し身を立てようと志すならば、職業、身分の何たるかをかえりみず、自力を本位として道に背かないことを心がけ、そのうえで自ら富み栄える計を怠らないことこそ、真の人間の意義あり価値ある生活といえよう。

いまや、武士道は移してもって実業道とするがよい。日本人はあくまで大和魂の権化である武士道をもって立たねばならない」

渋沢栄一は、士魂商才を常に力説していたのである。

彼が株式会社をおこすことができたのは、日本に士族がいたためであった。株金を預かり、人の金を自分の金のように大切にして、むしろ自分の金よりも大切にして、誠実に公私を混同せず事業を経営する昔の侍魂、武士道があったために、多数の会社が繁栄した。士族か士族の家に生まれた人が、会社経営をりっぱにおこなうことができた。

旧来の商人には、会社というヨーロッパの新組織で、他人の金を集めて繁栄させる能力のある人がすくなく、繁栄したときはたちまち公私混同し、利益をわが懐に入れるようなふるまいをした。その結果、信用を失い事業が発達しなくなる。

栄一の生きていた時代に、すでに教育問題が論じられていた。

「小学校、中学校、大学と教育をうけ、昔の時代の人よりもよく西洋の学説を知っているかも知れないが、『至誠欺《あざむ》かず』という精神が、きわめて退化してきたのが、歎《なげ》かれている。

社会のうちで活躍の場を得ている指導者層が、法を免れて恥なしというふるまいをする。第何条にこういうことがある、こういう先例があるなどという知識はゆきとどき、法網を免れることは巧みであるが、日本銀行総裁だとか、ほかの銀行の連中でも、もうすこし経済の立場ということに思いを致し、責任を感じたら、やれないようなことをやる」

これは、昭和二年に渋沢栄一を中心とする座談会での発言にあるが、いまの世相を語っているように錯覚する内容である。

薩摩《さつま》出身の田中盛明という人は、英仏両国で鉱山開発について学んだ。帰国後、生野銀山の開発にあたり、生野鉱山局長として業績向上につとめたが、その後、銀山が突然皇室財産に編入され、宮内省が経営することになった。

田中はこのとき局長を引退し、いずこへか去った。兵庫県生野町には、田中の名をつけた盛明橋という橋が残っているが、彼がいつ、どこで亡くなったか、足跡はまったく分かっていない。

村橋久成はイギリスから帰国後、戊辰《ぼしん》戦争に加治木砲隊長として活躍し、新政府では北海道開拓使次官を拝命、黒田清隆のもとでビール醸造にあたった。

政府は明治九年にビール醸造所を、東京農事試験場内に設けることとしたが、村橋は最適地が北海道であると主張して譲らず、官営の札幌麦酒醸造所を、さまざまの障害を乗り越え完成させた。

はじめて製造したビールの販売広告を、各新聞に掲載したのは、明治十年九月であった。翌十一年、村橋は北海道開拓使庁民事局副長に転任した。だが、明治十四年、北海道開拓長官となった黒田清隆は、大阪実業界で活躍し、大阪商工会議所初代会頭になっていた先輩の五代友厚に、北海道開発のため千四百万余円の資金を投じてととのえた、官有物の船舶、牧場、工場のすべての設備を、三十数万円の対価で払い下げた。

五代はその代価を無利息、三十年賦で払えばよい。この払い下げは、世論の非難をうけ取り消され、黒田は開拓長官を辞職した。だが、村橋久成は払い下げ案を黒田が決定した直後、一枚の辞表を残しただけで姿を消してしまった。

彼は家族にも行方を知らさず消息を断ってしまった。彼の所在が判明したのは、十一年後の明治二十五年十月の新聞に出た行路病者の死亡広告による。村橋はシャツと褌《ふんどし》だけのみじめな姿で、神戸の街頭で倒れたのである。

田中、村橋は、政府の放漫な施政に対する憤懣《ふんまん》を我慢すれば、高官の地位に昇進することを約束されていた。地位、私財のすべてを失う決心をして遁世《とんせい》してしまったのは、彼らが郷中教育により身中に育てた武士道精神を、無視できなかったためであるにちがいない。

「日本人の魂のよりどころ」

武士道は剣の道とふかくむすびついている。新陰流第二十六世柳生《やぎゅう》延春氏はいう。

「民族と民族との争いは地球上では絶えない。民族が自立するためには、ほかの民族に侵されてはならない。民族の最高の智恵《ちえ》の一つとして、相手の民族に負けない武技をそれぞれ考えだして持っている。それがいろんな形の格闘技になっている。

日本では鎌倉時代以後、武士が政権をめぐり争ってきた。そのなかで、どうしたら負けないか、どうしたら相手に勝つかという理と技を究明した。その代表的なものが剣技であった」

新陰流は上泉伊勢守《こういずみいせのかみ》が流祖である。二代を継承したのが柳生石舟斎であった。

当時の斬《き》りあいは相手と自分との相対的な関係のなかで位置づけて考えることをせず、ただ一方的に自分の得意技によって、膂力《りよりよく》と刀をふるう速さによって相手を圧倒しようとした。

上泉伊勢守は力と速度に頼る斬りあいでは、十全な勝ちは得られない。自分よりも膂力のつよい相手に機先を制せられ、倒されるときがかならずくる。自分と相手との相対的な関係のなかで考えだされた刀法に従ったほうが、勝機をより確実に手中にするという理を考えだした。

その理が、「懸待表裏一隅《けんたいひょうりいちぐう》を守らず」である。「懸《けん》」は敵に対する先制攻撃である。「待」は相手が攻めてくるのを待ち、その攻めをかわすこと。「表裏」とは表を攻め、裏を攻め、さまざまに変化して勝つことである。

「一隅を守らず」という意は、敵を攻めるときは、敵の動きを待つ観察眼を持ちつづけねばならない。待つときは敵を攻める気を持ちつづけていなくてはならない、ということである。このように、自分の動きと内心が常に逆にならなければ、敵に対し千変万化の対応ができない。

伊勢守はこの理を覚《さと》って新陰流を創始した。柳生石舟斎は伊勢守に会うまで新当流の達人として知られ、合戦の場で武功をかさねていたが、伊勢守と試合をするとなすところもなく完敗した。

新当流は、新陰流以外の他の流派と同様に、敵を倒すための太刀の「構え」を大切にした。すなわち敵に先制攻撃をしかける「懸」の太刀である。だが新陰流には構えがなかった。

敵に対するときの太刀を持つ姿勢は、「構え」ではなく「位《くらい》」という。

「無形《むけい》の位」というのは、太刀を右手に持ち剣尖《けんさき》を下に垂らす、敵の意表をつく無防備な姿勢である。無防備に見えて、前に踏み出した足の甲を水に見立て、相手の動きを月に見立て、変幻自在の対応をあらわす。

「水月」というのは、五間（九・一メートル）の立ちあい間合から、一歩踏み出せば相手を斬れる撃尺《げきしゃく》の間合に及んだときの呼吸をいう。

月下に水が流れ入ると、月影がたちまち映るように、わが太刀が一挙動でとどく間境《まさかい》に敵が入りこんできたときは、かならずこれを打つのである。

初心者は敵と白刃をもってむかいあうと、相手を倒そうと気が焦り、撃尺の間合の内外を見分けることができず、体もこわばって、月影の水に映るように敵を倒せない。

虚心に敵にむかえば、水月の呼吸はおのずからあきらかになり、勝つことができる。

このように「構え」のない新陰流に石舟斎は完敗し、その場で伊勢守の門人となった。

「構え」がなく、敵の心中をその拳と太刀先、眼《め》の動きによって察し、撃尺の間合の境目を敵よりも早く越え、敵の打ち出す太刀に自在に対応する新陰流は、戦国末期に天下無双の勢いをあらわした。

剣の極意は虚心のうちに敵の動きを見落とさず、隙《すき》があれば吸いこまれるようにパッと技を出せるところにある。

「こうやってやろう」と思ってやる技は生きた技ではない。頭で考えていては間にあわない。何も考えずにいて、隙を見ると無意識のうちに攻めこむ。

これが「攻撃精神の純粋持続」であり、新陰流の極意であると、柳生延春氏は語られた。

「無心で先《せん》、先という気持ちがつづいていて、おのずからそういう技が出るのです。相手をだまして勝つようなのは、次元の低い技なんです」

柳生氏は外国では日本文化といっても、伝統を踏まえない文化については評価しないといわれる。

特にヨーロッパでは伝統に対する考えかたがはっきりしており、ただ長く続いているというのではなく、現代に生きている、生命を持っているというのが伝統だと思っている。

柳生氏は、国内で新陰流などの古来からの流儀を古武道というが、あまり感心しない。

ただ「武道」と呼ぶだけでいいといわれる。

「たとえばヨーロッパなんかでは、日本が世界の一流レベルの経済力を発揮したのは、なにか日本人のなかに、自分らの考えられないエネルギーがあるんだといいますね。それが武士道か何かは知らないけれども、そのとおりだと思うんです。たまたまそれが、いまは経済面で出されただけだと。どこまでも先をとってやり抜いてゆくという、不断の攻撃精神です」

平和な現代の生活において、日本人が国際場裡《り》で活躍しなければならないとなったときに、どこで日本人としての魂を教育するかということが問題になる。

学校教育では魂を磨けとはいわれない。どこかでやらなければならない。魂を忘れ、自らを失ったような人間を誰が尊敬するか。恥ずべきことをやっていても、それが暴露されないかぎり知らぬふりをしていて、世間に指弾されるとはじめて平身低頭する無様なふるまいをあえてする日本人は、本来の独自性を忘れている。

柳生氏は、国連でも日本人は尊敬される存在にならなければならない。ただ金儲《かねもう》けをしていればいいということでは通用しなくなっている、という声を聞いたという。

日本人は生まれたとき、尻に蒙古《もうこ》斑《はん》がある。本願寺法主大谷光瑞《こうずい》は、日露戦争のおこるまえに西域の仏教遺跡探検の旅に出かけたが、途中で人口数万の城市に泊まった。このとき、日本人の先祖はこの辺りの人々ではないかと思うほど、容姿も習慣も似ている人々に会ったと探検記に述べている。

そこの住民は着物を着て帯を締めている。男は着物の襟を左前、女は右前に着ている。家に戻ると履物を土間にぬいで揃《そろ》え、客に挨拶《あいさつ》するときは正座して手をつき、頭を下げる。西域から東アジアを旅行して、このような経験をもつ人は多いのではないか。内蒙古自治区のハイラル付近のモンゴル民族は、おどろくほど日本人に酷似した顔立ちで、私は食事をしているときなど、外国人とは思えない気になったことがある。

われわれの先祖は、アジア各地からきて住みついたのであろうが、長い年月のあいだに、世界で特殊な文化をはぐくむ民族となった。第二次大戦後は、さまざまの困難を乗りこえて、現在の経済国家の機構をつくりあげた。

外国人が日本人のなかに、考え及ぶことのできないエネルギーがあるというのは、まちがいではない。

時代が変わり、日本人の道徳が地に堕《お》ちた時期は過去に幾度もあった。一度も戦乱がおこらなかった徳川幕府治下の二百六十余年のあいだに、元禄《げんろく》、享保、文化・文政の人心が頽廃《たいはい》した時代があったが、欧米勢力により開港すると、たちまち倒幕運動がおこり、あたらしい国家体制をつくりあげる勢力があらわれた。

はじめて眼にする西欧文明を消化し、それをわがものとして、さらに頭角をのばしてゆく旺盛なエネルギーは、時代を経ても日本人の体内に組みこまれている。今後も時に及んで活動してゆくにちがいない。

国際情勢の変転は激しさを増してゆくばかりであるが、われわれが祖先からうけついだ武士道の気概は、難局にのぞめばかならず燃えあがるのである。

武士道の気概とは、命がけの真剣勝負にのぞんで死を恐れない気魄《きはく》、勇気と言い換えてよい。柳生石舟斎の『截相《せっそう》口伝書』に剣術の秘伝を説いた「勇のこと」という一節がある。

そこにはカタカナで、たったこれだけのことが記されている。

「キリムスブ　カタナノシタコソ　ジゴクナレ　ミヲステテコソ　ウカブセモアレ」

剣術のすべての根源は、ただ勇気であると説いているのである。勇気がなければ、技術がいくらすぐれていても命がけの勝負では勝てないということである。

「真正の才知とは、豪毅《ごうき》の精神である」といったのはナポレオンだが、剣の妙諦《みょうてい》を喝破した石舟斎の言葉と暗合を示しているのは偶然ではないだろう。最後は勇気があるかないか、この一点に尽きる。真剣勝負を生きぬいてきた男だけが最後に到達しえた真理である。

日本人の特徴のひとつに、国家組織ができあがると、穏和に体制に従い、激しい動きをひそめ冬眠状態になる傾向がある。幕末に勇気ある志士たちによって切り拓《ひら》かれた新しい社会も、明治、大正、昭和を経て、官僚制という牢固《ろうこ》とした支配体制が確立されるに及び、当初の理想を失い、支配体制の維持と保身にのみ汲々《きゅうきゅう》とする勇気を持たぬ指導者を生むに至った。

だが動乱期になると活発な国民運動が湧《わ》きおこってくる事実は、正史のうえにしるされている。

おわりに

私は戦国期から幕末維新にかけての歴史小説を数多く書き、二十年を超える執筆作業のなかでさまざまな侍の生涯を見てきた。

歴史学者は学問によって時代の変遷を把握し、著述することによって後世への示唆を生みだす。歴史作家はその時代に主人公が辿《たど》った道筋と彼らの日常を、できるかぎり詳しく調べることによって、その生涯を脳中に再現する。

史料は広大な沼のなかに点在して頭を出している岩のように、たがいに何の脈絡もない。そこから当時の人間の姿を出現流動させるためには、史料をあらゆる角度から読みなおす作業をくりかえし、その時代の風俗をできるだけ詳しく調べるほかに、手段はない。

百回も二百回も同じ史料を読みかえし、それでも心に何の像もむすぶことができず、もうだめだと絶望しきったとき、天下に恥をさらすと覚悟したとき、突然道はひらけてくる。

Aという史料とBという史料のあいだを通過する主人公が、どんな径路をえらんだかは、誰も語ってはくれない。四通りも五通りもの径路が推測され、それをつきつめて考えるうちにここを通っていったにちがいないと信じられるひとすじの道が見えてくる。

主人公たちはそれぞれに苛烈《かれつ》きわまりない人生を過ぎていった。彼らがなんのために刻苦して生きたか。それは宇宙の意志に従ったというよりほかはなかろう。

日本の侍のあいだには、七百年ほどの歳月を経て、自然にひとつの道徳律が生まれてきた。日本刀を破邪顕正の剣というが、乱世をたてなおすため戦う侍たちのあいだに、文字通り破邪顕正の機運がおこってきた。それが武士道である。

武士道は、西欧文明をうけいれた日本が近代国家として成立してゆくあいだにすたれた。端的にいえば、明治十年の西南の役ののち、武士道は無用の文化として衰退していった。

では、武士道は日本人の内部から消滅していったかといえば、それはわれわれの体の原形質の内奥にひそんでいるにちがいないと、私は思っている。それが、日本の歴史上の人物の動きを探る作業を続けてきた私の結語である。

自分が書くことを予想だにしていなかった「武士道」を書きあげることができたのは、三笠書房迫猛氏、出水田美穂氏のおすすめによるもので、深く感謝申し上げます。

津本　陽

武士道《ぶしどう》――いかに生《い》き、いかに死《し》ぬか

著　者――津本陽（つもと・よう）

発行者――押鐘冨士雄

発行所――株式会社三笠書房

〒112-0004 東京都文京区後楽1-4-14
電話：(03)3814-1161（営業部）
　　：(03)3814-1181（編集部）
振替：00130-8-22096
http://www.mikasashobo.co.jp

印　刷――誠宏印刷

製　本――宮田製本

編集責任者　迫　猛
ISBN978-4-8379-2224-7 C0030

落丁・乱丁本はお取替えいたします。
＊定価・発行日はカバーに表示してあります。